Bernhardin Mercy

Wir ziehen in den

FRIEDEN

vom Krieg im Frieden und vom Frieden im Krieg
Erfahrungsberichte von 1941 bis 2016

© 2017 Bernhardin Mercy

Verlag: tredition GmbH, Hamburg

ISBN
Paperback: 978-3-7439-1452-0
Hardcover: 978-3-7439-1453-7
e-Book: 978-3-7439-1454-4

Printed in Germany

Alle Namen in „Wir ziehen in den FRIEDEN" sind frei erfunden.

Mein Vater fährt mit dem Auto zur Beerdigung seines Vaters, also meines zukünftigen Opas. Dieser Mann ist Spökenkieker – so nennt man hier die Menschen, die Dinge sehen, die fernab geschehen oder erst in der Zukunft geschehen werden. Dieser einfache, bescheidene alte Mann wird heute beerdigt.

Als bei meiner Mutter die Wehen einsetzen, gibt es im ganzen Dorf kein einziges Fahrzeug, welches sie ins Kreiskrankenhaus bringen könnte oder dürfte. Es gibt Straßensperren und niemand hat ein Fahrzeug. Fast alle Autos sind beschlagnahmt vom Militär, und wer eines hat, besitzt keinen Passierschein. Darum muss Mutter die Wehen zurückhalten. Warum scheut sie eine Hausgeburt? Nur sie weiß es. Am nächsten Tag kommt Vater heim von der Beerdigung seines Vaters. Seinerzeit redeten die Kinder auf dem Lande in der Gegend ihre Eltern noch mit „Sie" an. Vater kommt heim zu meiner Geburt. Er erzählt mir später, dass die russische Ärztin mich ihm auf dem Krankenhausflur zeigte, und sie sagte: „Seehr scheene Mädchen."

Seehr scheene Mädchen – so recht geglaubt hab ich es nie, das mit dem scheen.

Ich öffne meine Augen und sehe in seine Augen. Diese grauen Augen. Ich kenne sie. Ich kenne sie aus einem früheren Leben. Schlagartig bin ich über dem Krankenhaus, sehe das rote Dach unter mir und dann viele Dächer des Städtchens von oben. Und dann alle Dächer – und dann noch das Grün drum herum. Ich liebe rote Dächer! Es ist ein klarer Morgen, und es ist schön, einfach nur wunderschön. Nun trifft mich ein elektrischer Schlag, ein Blitz durchzuckt mich – ich bin wieder unten, zurückgeworfen, zurückgeholt, und zittere lange. Ich will das nicht; nicht so, nicht hier. Es gibt kein Entrinnen. Seit jeher liebe ich Luftaufnahmen, und seit einigen Jahren, des Nachts im Fernsehen, die Weltraumausflüge.

Ich weiß nicht: Wann bringt die Nonne mich zu meiner Mutter? Es geht ihr schlecht, sie ist erschrocken, weil ich so blass bin, und fragt die Schwester. Die antwortet ihr: „Das Herz hat nicht richtig geschlagen. Wir haben dem Kind was gegeben, nun ist es in Ordnung."

Wir müssen drei Wochen bleiben. Damals weiß ich noch nicht, was drei Wochen sind. Ich weiß noch nicht einmal, was ein Tag, was eine Stunde ist. Ich weiß nur: Es ist ewig und hört niemals auf. Ich will wieder fliegen! Wegfliegen!

Ich bekomme nur einen Rufnamen, denn mein Vater ist auch Standesbeamter. Er hasst es, wenn die Leute ihren Kindern mehrere Vornamen

3

geben. Denn dann hat er so viel zu schreiben. Die Rufnamen muss er auch noch mit dem Lineal unterstreichen. Das kleckst meistens.

Später, wenn ich mal bei einer Kindesanmeldung zugegen bin, vor allem im Winter, wenn nur ein Raum mit Kohle beheizt wird, bekomme ich mit, wie er die Leute beeinflusst, damit sie dem Neugeborenen nur einen Namen geben. Vielleicht hat er auch einfach Namen unterschlagen. Aber das darf ich nicht behaupten. Vor dem Krieg und während des Krieges haben manche Kinder germanische Namen. Nach 45 nicht mehr. Heutzutage heißen die Mädchen Nicole, Jaqueline, Sara und Laura. Die Jungen heißen Kevin, Philipp, Noah und Elia. Nicht alle, aber die meisten. Adolf gibt es gar nicht mehr. Aber alle 60 bis 80 Jahre soll eine Mode ja wiederkehren.

In der Küche sitzen alle um den großen Tisch aus Holz herum. Der wird nach dem Essen mit einem nassen Lappen abgeputzt. Ich laufe gern unter dem Tisch durch. Unter dem Tisch sehe ich dann immer die Knie und die Füße von den anderen, manchmal mit Schuhen an, manchmal barfuß. Mutter und Vater haben immer Schuhe an. Es macht Spaß, unter dem Tisch durchzulaufen. Das kann sonst keiner! Eines Tages stoße ich mir den Kopf an der Tischplatte. Darüber bin ich zuerst erstaunt und dann wütend. Ich versuche es noch einige Male, aber das Unter-dem-Tisch-Durchlaufen gelingt nie wieder. Ich begreife es einfach nicht, weiß nicht, woher das kommt. Ich finde das gemein! Nichts ist mehr, wie es einmal war.

Gartenweg – Mutters Blumenbeete, eingefasst mit Wackersteinen. Fast vergessen ... ich bin das Kind auf dem Foto, Gesicht lächelt zaghaft. Vertrauensvoll. Hoffnungsvoll. Weißes Kleidchen, Sonn- oder Feiertag ... Weiße Söckchen.

Etwas mollig, das Kind. In Anlehnung an den Katechismusunterricht wird es gefragt: „Woraus besteht der Mensch?" Die richtige Antwort wäre gewesen: „Der Mensch besteht aus Leib und Seele." Das Kind aber antwortet: „Fukker und Peck!" Das bedeutet: Zucker und Speck. Alle lachen, alle freuen sich.

Puppe an sich, an mich gepresst ... Füßchen nicht fest auf dem Boden, wie kurz vor dem Stolpern ... blonde, seidige Haare ... in all den Jahren nicht wirklich verändert.

Wir müssen unser Haus verlassen. Beladen mit ein paar Decken eilen wir in den nahegelegenen Wald. Dort sehe ich einen großen Hügel. Er hat eine Öffnung. Es ist ein Bunker. Darin ist es ganz duster. Wir sitzen dichtgedrängt auf Holzbrettern. Meine Schwester schreit die ganze Zeit. Die Frauen aus der Stadt schreien auch. Die Frauen aus dem Dorf schreien nicht, sie sind ganz still – ich bin auch ganz still. Eine Frau aus dem Dorf betet den Rosenkranz. Ich glaube, die Leute aus der Stadt kennen keinen Rosenkranz, sie beten gar nicht richtig mit. Nach langer Zeit wird es auf einmal hell. Wir sehen Licht in der Öffnung vor dem Bunker und dürfen raus. Es ist heller Tag. Jemand fasst mich an der Hand, wir gehen zurück ins Dorf. Einer sagt: „Der Krieg ist zu Ende." Über dem Dorf sehe ich Rauch aufsteigen. Ich weiß nicht, ob unser Haus getroffen ist. Wir kommen nach Hause. Unser Haus ist noch da, aber die Waschküche ist kaputt, es ist ein großes Loch in der Decke, alle Fensterscheiben sind zersplittert und der Spiegel vom Schrank im Elternschlafzimmer. Das ist am schlimmsten. Schmitz' Haus schwelt noch lange. Schmitz' Monika und Hans kommen zu Besuch. Frau Schmitz ist gestorben. Sie hatte sich in dem hölzernen Unterbau von der Nähmaschine versteckt. Sie hatte Hans mit ihrem Körper geschützt – Hans ist unverletzt. Monika hat Splitter im Gesicht und am Körper. Schmitz' waren nicht im Bunker. Schmitz' Tante versorgt nun die Kinder. Nach einem Jahr heiratet sie Schmitz' Papa. Sie trägt immer Schwarz und einen Haarknoten im Nacken.

Alle verheirateten Frauen tragen Schwarz oder Dunkelblau, wenigstens zur Messe am Sonntag. Das gehört sich so. Mutter trägt gerne dunkelblaue Kleider mit einem weißen Einsatz, sie sieht dann richtig fein aus. Die unverheirateten Mädchen, also die, die noch Fräulein sind, tragen farbige Kleidung, bis sie heiraten, und Dauerwelle. Zu Hause haben alle ein Schürze um, wir auch. Wir haben Alltags- und Sonntagskleider und Alltags- und Sonntagsschürzen und Alltags- und Sonntagsschuhe. Im Sommer laufen wir alltags barfuß oder in Holzschuhen herum. Die Holzschuhe macht der Holzschuhmacher aus einem Stück Holz. Er hobelt es zurecht und höhlt es aus, sodass man hineintreten kann. Meistens drücken die Holzschuhe, bis man sich an sie gewöhnt hat.

Weil wir im Lehrerhaus wohnen, müssen wir raus aus dem Haus, es gehört nämlich der Gemeinde, und die kann das beschlagnahmen. Der Bürgermeister bestimmt das, zusammen mit der Militärregierung. In unserem Garten wird eine Baracke aufgestellt, da müssen wir reinziehen. Nachts werden wir Kinder auf die Nachbarhäuser verteilt. Nur meine beiden Brüder dürfen weiter in dem Haus schlafen. Für die ist das ja nicht so gefährlich, denn sie sind ja Jungen. Seinerzeit dürfen die Jungen viel mehr als die Mädchen.

Soldaten wohnen jetzt in unserem Haus. Sie werfen die leeren Marmeladendosen hinter das Haus in eine Tonne. Die Dosen sind aber nicht ganz leer. Ich habe Hunger auf Marmelade, aber es sind so viele Wespen da, die krabbeln in den Dosen. Wespenstiche tun weh. Die Soldaten tragen so komische braune Uniformen und Käppis. Manchmal geben sie uns Kindern Schokolade. Alles in allem sind sie nett. Sie tun uns nichts. Sie haben immer Frauen bei sich, die haben wilde Haare und rote Fingernägel. Als ich das zum ersten Mal sehe, denke ich, dass ihre Finger bluten. Aber das ist nur rote Farbe, das ist kein Blut. Diese Frauen haben sich die Lippen sehr rot angemalt, knallrot sagen wir dazu.

Erst Jahre später können sich die normalen deutschen Fräuleins auch Nagellack leisten. Ich habe in meinem ganzen Leben meine Fingernägel noch nie rot lackiert – höchstens mal durchsichtig perlmuttfarben. Die Frauen mit den wilden Haaren, den roten Fingernägeln und dem angemalten roten Mund rauchen, was das Zeug hält. Wir Kinder sammeln die weggeworfenen Kippen auf, kratzen die Tabakreste heraus und schenken den neugewonnenen Tabak unseren Vätern und großen Brüdern. Die sind dankbar und drehen neue Zigaretten daraus. Sie freuen sich, sie haben keine Zeit zum Kippensuchen. Darum machen wir Kinder das. Mein Vater und meine Brüder rauchen nicht, aber einige von meinen Schwestern stinken schon sehr früh nach Qualm, besonders zwei.

Die Soldaten fahren immer mit ihren Jeeps herum und gehen oft auf Jagd. Ihre Damen gehen dann mit. Sie tragen auch Hosen wie Männer. Mutter findet das nicht gut. Später ändert sie ihre Meinung etwas. Als ich fünfzehn Jahre alt bin, bekomme ich eine lange Hose für die Klassenfahrt nach Norderney – aber nur für die Klassenfahrt, weil es auf See so zugig ist! Eine dreiviertellange Hose ist nicht so schlimm wie ein hochgewehter Rock.

Nach der Jagd liegen die Hasen alle in einer Reihe hinter unserem Hause – manchmal auch ein Reh. Wenn sie lange dort liegen, bekommen sie alles voll Läuse.

Die Soldaten bringen mir einige englische Wörter bei: Hello, please, thank you, how are you, my name is. Das sind Grundkenntnisse in Englisch.

Von den vielen Panzern sind die Teerstraßen ganz kaputt. Überall sind Absperrungen mit Stacheldrahtrollen. Wenn die Soldaten tanken, gießen sie das Benzin aus dem Kanister in den Tank. Dabei geht immer etwas daneben. Wenn es regnet, entstehen ganz schöne Farben auf dem Boden, das ist das Schönste, das man sehen kann.

In der Nachkriegszeit bekommen wir manchmal von dem Bauern Korn, Kartoffeln oder Milch. Viele Leute kommen aus der Stadt zum Betteln. Sie haben noch viel mehr Hunger als wir. Wir haben nur Hunger, aber die, die aus der Stadt kommen, die hungern. Das sieht man denen am Gesicht an und an den Händen. Meine Mutter gibt jedem etwas ab, obwohl wir selber wenig haben. Im Gemeindesaal sind Kriegsgefangene untergebracht. Sie wohnen hinter einem großen Drahtverhau. Sie dürfen nie raus, sie reden nichts, sie gucken auch nicht. Alle haben Glatze. Wenn meine Mutter kann, stellt sie einen Topf mit gekochten Kartoffeln für sie ab.

Dann ziehen andere Soldaten in unser Haus, sie haben andere Uniformen. Warum das alles passiert, weiß ich nicht – es ist einfach so. Sie schlachten in unserer Wohnküche ein Schwein, aber das habe ich nicht selber gesehen. Ich habe das nur gehört. Mutter ist empört darüber! Sie kochen und braten das Schwein, aber wir bekommen nichts ab von dem Fleisch.

Einer von den Neuen im Hause steht manchmal oben am Fenster. Wenn ich unten im Garten spiele, winkt er mich hoch. Ich muss immer gehorchen. Darum gehe ich unsere Treppe hoch zu seinem Zimmer. Da nimmt er mich auf den Schoß. Ich finde das komisch. Es hängt ein Bild an der Wand. Ich frage, ob das Rotkäppchen ist, aber er versteht mich nicht. Dann tut er etwas zwischen meine Beine … aber das habe ich vergessen – und sage es auch keinem.

Er hat kein Holzbett, er hat ein Feldbett. Ein Feldbett ist eine Matratze auf Stangen. Ein paar Mal sehe ich das Bett von oben. Es ist, als ob ich an der Zimmerdecke klebe und runterschaue. Später lese ich in einem New-Age-Buch, dass es so was gibt. Es sind außerkörperliche Erfahrungen, im Englischen Out-of-the-body Experiences. Das passiert schon mal, wenn etwas ganz schlimm ist und man nicht dabei sein will. Manchmal erlebt man etwas und bekommt erst viele Jahre später eine Erklärung dafür. Das ist aber gut, denn dann erfährt man nachträglich, dass man nicht gesponnen hat.

Immer wenn der winkt, muss ich hochgehen, denn er ist der Erwachsene und ich bin das Kind. Kinder müssen gehorchen – unter allen Umständen. Erst vierzig Jahre später erfahre ich von meiner Schwester, dass sie auch bei ihm war. Weiter unterhalten wir uns nicht darüber; wir fragen uns gegenseitig nichts und erzählen auch nichts weiter.

Unsere Väter, Onkels und Großväter sind meist alle gestorben, ohne noch je über die Kriegszeit geredet zu haben. Und wir, die Kriegskinder, die Kinder des Krieges, beginnen erst jetzt damit.

Manchmal stehe ich an der Straße und gucke nur so rum. Da sehe ich einen Mann. Er hat keine Uniform, keinen Anzug an. Er hat nur einen Sack an und Lappen um seine Füße gewickelt. Er hat keine Zähne.

Männer aus dem Dorf stellen einen Tisch auf die Dorfstraße und einen Stuhl dahinter. Der Bürgermeister setzt sich darauf. Er hat Papiere vor sich liegen. Der Heimkehrer steht vor dem Tisch, und der Bürgermeister trägt ein, dass er zurückgekommen ist. Er muss unterschreiben, dann darf er das Dorf betreten. Er ist wieder zu Hause! Unsere mitleidigen

Nachbarn geben dem Heimkehrer viel gutes Essen – er stirbt daran. Das Essen war zu fett, das war er nicht gewohnt.

Einmal frage ich beim Kartoffelschälen in der Waschküche – meine Mutter schält sie, und ich darf sie in den Eimer mit Wasser plumpsen lassen –, also, ich frage sie: „Wo kommen denn die kleinen Kinder her?" Mutter zögert ziemlich lange. Dann antwortet sie: „Die wachsen unter dem Herzen der Mutter." Ich frage weiter: „Und wie kommen die denn dahin?" Bis auf den heutigen Tag warte ich auf Antwort … Na ja, nicht ganz. Zwischenzeitlich habe ich mich woanders schlaugemacht.

Wenn mich meine Mutter wohin schickt im Dorf – so zwischen 1946 und 1955 –, etwas abholen, etwas ausrichten, etwas fragen, so steht in fast jeder guten Stube oder auch in der Küche auf einem Sims ein schwarz gerahmtes Foto, oder es stehen dort mehrere. Die Fotos zeigen immer Soldaten. Ich darf nicht fragen, wer das ist. Nur Zeltingers haben kein Foto. Herr Zeltinger ist Schneider und muss immer nähen und ist schon sehr alt. Zeltingers haben selber keine Kinder. Sie haben nur eine Nichte, die ist so alt wie ich. Zeltingers haben es gut.

Wir sammeln fast alles: Himbeeren, Brombeeren, Heidelbeeren, Holunderbeeren für Marmelade und Säfte, Pfefferminzblätter, Kamillenblüten für Tees, Pilze als Fleischersatz, Rüben als Gemüse – und stundenlang gekocht ergeben sie leckeren süßen Sirup –, Eicheln zum Schroten und Rösten als Kaffeeersatz, Kornähren von den Feldern, um die Körner beim Müller mahlen und dann beim Bäcker zu Brot backen zu lassen, Bucheckern, um daraus Öl zu pressen, Tannenzapfen zum Heizen. Kastanien glänzen so schön und fühlen sich sanft an in der Hand. Die sammeln wir Kinder auch. Essen kann man die nicht – es sei denn, man hätte Esskastanien.

Wir haben Hühner und einen Hahn, der spielt sich immer mächtig auf. Wir haben auch zwei Schweine, sie heißen Peter und Paul. Sie sind rosa mit schwarzen Flecken. Einmal reißen sie aus. Unsere Eltern und wir Kinder suchen lange, bis wir einen Lastwagen quietschen hören. Ich laufe nicht hin. Meine Schwester sagt, es war Paul. Wir müssen ihn nicht mehr schlachten. Er ist ja schon tot. Peter, sein Bruder, findet allein den Weg zurück in den Stall. Wir werfen niemals Essensreste weg. Nicht mal ein einziges Reiskorn. Wir essen immer alles auf. Heutzutage werden zwanzig Millionen Tonnen Nahrungsmittel im Jahr vernichtet. Viele Menschen sterben, weil sie so dick sind. Sie essen viel, aber sie werden nicht satt. Viele Menschen sterben, weil sie so dünn sind, sie essen so wenig, weil sie nichts haben. Andere haben genug, aber sie wollen verhungern. Das ist eine Krankheit. Nur einmal kippen wir eine Schüssel mit Apfelmus im Hühnerhof aus. Das Apfelmus ist zu alt, es ist vergoren. Anschließend fallen unsere Hühner zu Boden, rappeln sich wieder auf, torkeln herum. Wir sind erschrocken, befürchten eine schwere Erkrankung. Dann fällt uns ein: Die Hühner haben nur eine Alkoholvergiftung, sie sind bloß besoffen. Da sind wir aber froh!

Bei uns im Einkaufsladen wird alles abgefüllt, ganz wie im richtigen Leben, in spitze Tüten oder in alte Konservendosen. Trockener Sand ist Zucker, fester Sand Mehl, Senf ist eine gelbe Matsche, Essig und Öl und Maggi gehört in Flaschen, falls vorhanden. Ich stehle blaue und rote Tinte aus Vaters Tintenfass, fülle sie auf mit viel Wasser und habe dann Blaubeer- und Johannisbeersaft. Das erhöht den Umsatz – das Wort Umsatz kenne ich damals noch nicht. Es bedeutet, dass mehr Kunden kaufen kommen. Kastanienblätter sind unsere Geldscheine in Reichsmark, und die Kastanien unser Kleingeld in Groschen. Wenn wir den Laden öffnen, rufen wir zu den anderen Spielhäuschen rüber: „Klingelingeling, mein Laden ist los!"

Nach dem Krieg bekomme ich zum ersten Mal ein Stück Banane. Ich weiß nicht, wer die nach Deutschland gebracht hat. Ich sehe dieses gelbe Gelb und stelle mir vor, wie gut Banane schmecken muss, aber ehrlich gesagt: Banane ist eine Enttäuschung. Sie sieht viel schöner aus, als sie schmeckt. Auch die Orangen sind nicht so besonders – wir nennen sie damals Apfelsinen. Vielleicht, weil wir sonst nur Äpfel kennen. Sie sind ziemlich sauer, sollen aber sehr gesund sein, wegen der Vitamine. Was das ist, erfahre ich erst viel später.

Warum lachen die Menschen nicht und freuen sich kaum beim Einkaufen im Supermarkt? Es ist doch alles zu haben, und das vielfach! Warum sehen sie oft so unglücklich aus wie damals nach dem Krieg, als es auf Lebensmittelmärkchen ein Pfund Brot gibt und einige Gramm Margarine, was doch nicht langt zum Sattsein? Damals gibt es lange Schlangen vor dem Kolonialwarenladen. Die Menschen warten stundenlang auf ihre kleine Ration, die doch nicht langt zum Sattsein. Heute gibt es Schlangen nur noch an der Kasse, und der Laden heißt Supermarkt. Und 50 Prozent der Lebensmittel werden weggeworfen, und die Menschen lachen nicht und freuen sich nicht beim Einkaufen im Supermarkt. Es ist doch alles zu haben.

Ich habe einen Teddybär aus Samt. Meine Mutter hat ihn genäht. Er hat aufgestickte Augen. Und eine Puppe. Die beiden sind meine Kinder. Heutzutage haben die Kinder oft Dutzende Stofftiere und Puppen. Es sind so viele, dass sie zu dem einzelnen gar keine Beziehung aufbauen können. Wie sollen sie morgens und abends dreißig verschiedenen Wesen guten Tag und gute Nacht sagen können? Wer darf im Bett schlafen und wer nicht? Die wohnen nur zusammen, sie leben nicht mit. Manche Puppen haben von der Fabrik schon eingebaute Geschlechtsorgane, sie können Pipi machen, reden und laufen. Unsere Puppen hatten das nicht nötig. Wir stellen uns das vor, und da ist es schon wahr. Die Barbies haben alle Busen – aber wofür? Sie sind so merkwürdig starr konstruiert. Sie haben Taillen – unglaublich schlanke Taillen –, da kann man nur von träumen! Vierzig Jahre nach Erfindung der Barbie sehen die Nachrichtensprecherinnen im Fernsehen fast alle aus wie sie. Nur dass sie altern. Die Original-Barbie dagegen altert nie.

Gerne spiele ich mit Mutters Knöpfen aus ihrer Knopfdose. Ich ziehe sie auf einen Faden auf und mache Perlenketten daraus. Heute habe ich eine eigene Knopfdose – besser gesagt, ein Knopfglas. Dadurch kann man die Knöpfe so schön sehen. Ich hatte nämlich von einem Kaffeeglas die Banderole abgemacht. Meine Erben bitte ich, dieses Glas nicht zu entsorgen, das heißt, es nicht wegzuschmeißen. Vielleicht kann ja jemand die Knöpfe noch mal gut gebrauchen. Sie sehen so schön aus.

Ich habe einen Stoffball. Er ist mit Sägemehl gefüllt. Er kann nicht springen – Gummibälle gibt es erst später. Mit Schmitz' Monika spiele ich Ball-Zuwerfen. Wir spielen Verstecken, Himmel-Hölle-Fegefeuer – wie das geht, weiß ich nicht mehr –, Vater-Mutter-Kind – Monika ist meistens die Mutter –, Kirche – Hans ist immer der Herr Pfarrer –, Völkerball, Deutschland-erklärt-den-Krieg … Mit einem Stock zeichnen wir unsere eroberten Gebiete in den Sand, der Feind kann uns die aber wieder abnehmen. Oder wir treiben mit einem Stöckchen eine Fahrradfelge vor uns her. Die Felge ist dann unser Auto.

Hans möchte Priester werden, aber er schafft das Studium nicht. Hans wird Alkoholiker – lebenslang. Monika heiratet – sie wird niemals Mutter. Monikas Schwestern werden auch nicht Mütter.

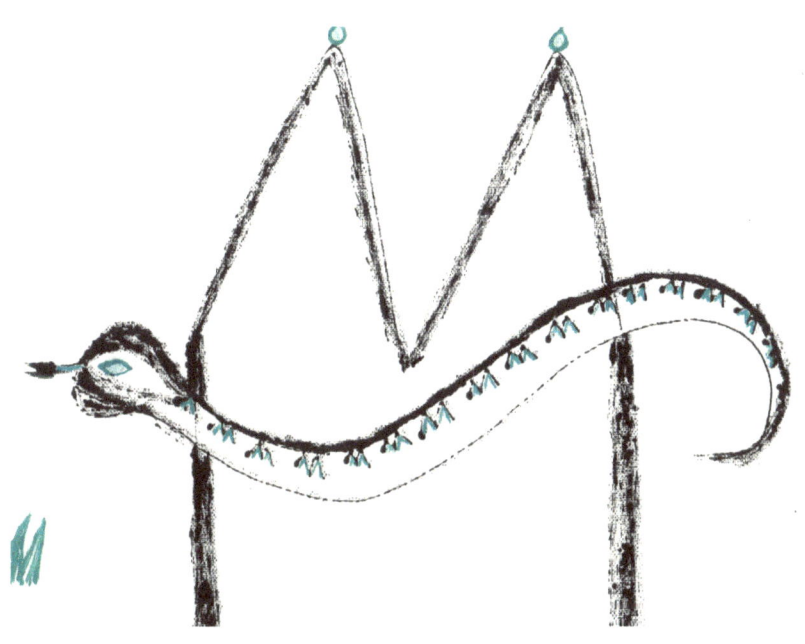

Im Winter darf ich mit in die Schule, oder ich muss mit – das kann ich nicht unterscheiden. Die Schule ist geheizt. Der Kanonenofen glüht. Ich darf ein Buch anschauen. Es sind fünf Zeichnungen darin: ein Wolf, ein Löwe, ein Elefant, ein Affe und eine Schlange. Manchmal sage ich etwas zu meinem Vater, aber er antwortet nicht. Zu der Zeit weiß ich noch nicht, dass er auf einem Ohr taub ist. Im Krieg ist sein Trommelfell geplatzt.

In jedem Zimmer haben wir ein Kreuz hängen oder ein Marienbild. Alle Leute im Dorf haben das, alle unsere Verwandten auch. Nur in der Stadt haben das wenige Leute. Wir bekommen Zeitschriften: den „Kirchenboten", die „Stadt Gottes", die „Christliche Familie" und das Heftchen vom Kindheit-Jesu-Verein, das handelt von den Missionen in Übersee.

1951: Der Bischof aus Nagasaki kommt aus Japan zu Besuch. Er hält einen Kindergottesdienst ab und predigt über das entsetzliche Leid der Kinder von Nagasaki und Hiroshima nach dem Atombombenabwurf. Er ruft auf zu Spenden. Wir Kinder geben gerne unser Gespartes, unsere wenigen Groschen – wir haben ja keine Atombombe gehabt.

2011: Wieder wird aufgerufen zu spenden. Politiker im deutschen Fernsehen tun das. Sie sprechen von dem entsetzlichen Leid der japanischen Bevölkerung, besonders der Kinder, nach dem Reaktorunfall in Japan. Es handelt sich zuerst um Stufe drei oder vier, später um Stufe sechs bis sieben. Wir haben keinen Reaktorunfall gehabt – jedenfalls keinen mit einer derartigen Einstufung.

Mit Mutter fahre ich in die Kreisstadt zum Einkaufen. Mülder ist ein großes Textilfachgeschäft. Dort gibt es viele nette Verkäuferinnen. Sie tragen gedeckte Kleidung und beraten dezent und fachkundig. Das Haus ist alteingesessen. Es setzt auf Kundenberatung und deutsche Qualitätsware. Es riecht dort stark nach Mottenpulver. Ich darf mir einen Pullover aussuchen; zwei stehen zur Auswahl: ein weißer mit aufgestickten Blümchen, ein grauer mit grauen Streifen, der kratzt wie früher die selbstgestrickten. Der weiße sieht schöner aus, aber der graue ist billiger. Ich sage: Ich will den grauen. Inzwischen existiert Mülder nicht mehr. In dem Gebäude befindet sich nun ein Ein-Euro-Shop in der Shopping-Mall. Es gibt dort kaum Verkäuferinnen, sie tragen auch nicht gedeckte Kleidung und beraten auch nicht. Für einen Euro gibt es nichts zu beraten. Die Artikel kosten einen Euro, die Angestellten verdienen auch einen Euro in der Stunde, den Rest zum Lebensunterhalt bezahlt das Arbeitsamt. Es riecht auch nicht nach Mottenpulver, es riecht nach Kunststoff, ziemlich stark sogar. Es riecht ungesund – sehr ungesund.

Man sieht oft Menschen gehen. Sie gehen und gehen, sie gehen und gehen. Man weiß nicht, woher sie kommen und wohin sie wollen. Sie gehen einfach immer die Straße entlang. Vielleicht wollen sie nach Hause. Ein alter Mann will nach Lager Friedland; das ist ein Auffanglager für Flüchtlinge. Er will dort fragen, ob seine Tochter da ist. Das erzählt er mir am Straßenrand.

Einmal habe ich sechs Mark zusammengespart. Ich sehe zwei Männer auf der Straße. Sie sehen arm aus – sie tun mir leid. Ich laufe nach Hause, hole mein Geld aus der Dose und schenke es ihnen. Sie sind sehr erfreut. Ich freue mich auch über meine gute Tat. Nach einer Weile will ich zum Spielen zu Schmitz' Monika, da sehe ich sie wieder. Sie kommen aus einer Gastwirtschaft herausgetorkelt.

Vor zwei Wochen begegne ich einem jungen Mann. Er hat Tränen in den Augen und wirkt verzweifelt. Ich bleibe stehen. Er sagt: „Mein Vater wird um drei beerdigt. Ich habe kein Geld, um hinzufahren, mein Rucksack ist mir nämlich gestohlen worden. Ich habe nicht einmal ein paar Blumen." Also gebe ich ihm 10 Euro. Er ist sehr erfreut und winkt mir dankbar nach. Ich freue mich auch über meine gute Tat, mache Besorgungen. Eine Stunde später sehe ich ihn wieder. Jetzt steht er woanders. Er streckt den Passanten einen Pappbecher entgegen und sagt: „Mein Vater wird um vier Uhr beerdigt. Ich habe kein Geld, um hinzufahren, mein Rucksack ist mir nämlich gestohlen worden. Ich habe nicht einmal ein paar Blumen." Ich … also, ich sage: „Vor einer Stunde habe ich Ihnen 10 Euro geschenkt!" Fassungslos fragt er zurück: „Mir?" Ich antworte: „Ja, Ihnen!" Leider vergesse ich, mein Geld zurückzufordern. Ich frage mich noch immer: Wie hat er die Tränen in seine Augen bekommen?

Familie Messner wohnt im Anbau des Gemeindesaales. Sie sind auch Flüchtlinge. Herr Messner hat vom Krieg ein steifes Bein – ein steifes Bein ist besser als gar kein Bein. Herr Messner malt Bilder in Öl. Im ganzen Dorf malt sonst keiner! Er malt Jesus am Ölberg von einem anderen Bild Jesu am Ölberg ab. Obwohl er evangelisch ist. Aber vielleicht ist er gar nicht evangelisch, sondern katholisch und geht nur nicht mehr in die Kirche, nachdem der Feind sein Knie zerschossen hat. Welcher Feind? Egal – Feind ist Feind!

Frau Messner geht immer zu Franz in die Kneipe, obwohl sie verheiratet ist. Sie ist die einzige Frau im Dorf, die so was macht. Sie kocht nicht, sie bügelt nicht, sie geht immer zu Franz in die Kneipe und raucht wie ein Schlot.

Klaus Messner ist so alt wie ich. In meinem Spielhäuschen ist er der Vater, ich bin die Mutter … ein Kind haben wir noch nicht. Klaus ist ein guter Mann! Er fährt immer mit dem Tretroller zur Arbeit, währenddessen koche ich Gemüsesuppe oder Blumensuppe, oder ich backe Sandkuchen. Ich halte den Haushalt in Ordnung. Klaus ist ein guter Mann! Einmal trete ich mit dem Fuß in eine Scherbe. Es blutet. Er hält mir seine Hand hin, ich ergreife sie – so kann ich nach Hause hinken und muss nicht auftreten mit dem verletzten Fuß … Später geht Klaus zur Bundeswehr und wird Oberst.

Mutter liebt süße Düfte – ein paar Tropfen, auf ein weiß umhäkeltes Taschentuch oder hinter das Ohr getupft, erzeugen eine magische Aura. Mutter weiß, dass 4711 aus Köln stammt, der fernen Stadt im Rheinland, und dass es ein wunderbarer, aber auch teurer Duft ist. An Sonn- und Feiertagen riecht Mutter so süß danach. Ich merke das besonders, wenn sie mich an sich drückt. 4711 duftet nicht nur, es ist auch sehr stark und kann Tote zum Leben erwecken, und es wird regelmäßig in Ohnmacht Gefallenen unter die Nase gehalten. Neulich schenkte eine liebe Nachbarin aus dem Altenheim – man soll jetzt ja Seniorenheim sagen – mir eine … Was glaubt ihr wohl? … Nun ratet mal! … Genau! Sie schenkte mir doch tatsächlich ein Fläschchen mit 4711. Nun dufte ich manchmal – manchmal, aber keinesfalls täglich! –, wie damals vor 70 Jahren Mutter.

Seinerzeit wohnen in einer Baracke am Rande des Dorfes … Wie hießen sie denn noch? Die Schwester, der Bruder und die Mutter. Er hatte eine „Hasenscharte", das Mädchen hatte keine. Es trug die seine. Erst viel später, als das Wirtschaftswunder stattgefunden hatte, konnte der Junge operiert werden. Erst viel später, als das Wirtschaftswunder stattgefunden hatte, bekam das Mädchen ein Samtkleid. Noch viel später, 50 Jahre danach, beim Klassentreffen „50 Jahre Einschulung Volksschule", sind sie nicht mehr dabei. Sie sind schon gestorben, der Junge ohne „Hasenscharte" und das Mädchen mit dem Samtkleid.

Das Kaffeetässchen – hauchzart mit Goldrand verziert – gehalten mit abgespreiztem Finger: Frau M. ist vornehm. Sie kommt aus Ostpreußen, ist nun im Westen – ohne Gutshof und ohne den Vater ihrer fünf Kinder. Ich habe ihn niemals gesehen. Ich bin neun und spiele oft mit Tanja. Tanja ist auch vornehm. Mutter trinkt auch gerne Kaffee … ohne abgespreizten kleinen Finger. Mutter ist nicht vornehm, wäre es gerne, aber sie schafft das selten. Ist mir auch lieber.

Heute trinken die meisten von uns noch genauso gerne Kaffee wie damals Frau M. und Mutter, jedoch fast nie mehr aus zarten goldumrandeten Tässchen, sondern meistens aus dem robusten Kaffeepott – da geht auch mehr rein.

Wenn ein Dorfbewohner gestorben ist, gehen die anderen Dorfbewohner dorthin, auch wir Kinder. Ich habe im Laufe der Jahre Dutzende Tote gesehen, aber das kann gar nicht sein. So viele Verstorbene kann es doch gar nicht geben in einem kleinen Dorf. Die Person ist in der guten Stube aufgebahrt. Meistens hat sie den Mund weit auf. Ihr zu Ehren legen wir Kinder ein Heiligen- oder Christusbildchen auf das Leichentuch. Zuerst werden die Ränder belegt, dann füllen wir auf. Der Tote ist ganz still, er ist richtig tot – aber vielleicht atmet er noch ein bisschen und macht gleich die Augen auf oder sagt etwas. Das kann man nie so genau wissen. Man muss nicht lange bleiben, aber eine Vaterunserlänge sollte es schon sein. Einmal stehe ich am Sarg von einem kleinen Mädchen. Die Eltern haben keine gute Stube, darum ist das Mädchen in der Küche aufgebahrt. Es ist vielleicht so alt wie ich. Man sagt, es hätte Pflaumen gegessen und anschließend Wasser getrunken; daran wäre es gestorben. Das merke ich mir gut! Ich mag sowieso keine Pflaumen, das ist mein Glück. Wenn der Verstorbene nicht ganz arm war, bekommen die Männer bei ihrem Besuch im Trauerhaus einen Schnaps oder mehrere, die Frauen bekommen ein Likörchen, aber nur eins. Bei diesem Anlass bekommen wir Kinder nichts.

DAS TOTE KIND

Antonia, die Schöne, die Edle. Der Name meiner Großmutter väterlicherseits. Die Älteste, die Königliche. Die Wehrmachtstelefonistin. Frühe Heirat, weiße Hochzeit. Ich kleine Schwester in hellblauem Taft, erstes langes Kleid mit Rüschen – ich Blumenmädchen. Blumen haben sie ja genug in der Gärtnerei, der Familienbetrieb, in den sie einheiratet. Sommerferien. Antonia hat schon drei Kinder – und braune Finger vom vielen Kranzbinden und braune Lippen von vielen Zigaretten. Sie haben ein großes Schlafzimmer, Toni und ihr Mann, und eine Kommode mit Flügelspiegeln – dreiteilig! Zum ersten Mal in meinem Leben sehe ich mich von allen Seiten, sogar von hinten, wenn ich mich etwas verrenke.

Antonia und ihr Mann reden nicht viel miteinander. Er redet mit seinen Eltern und die mit ihm. Ich will wieder nach Hause, aber ich will nicht wieder nach Hause. Später verliert Antonia ihr fünftes Kind durch einen Verkehrsunfall und ihren ältesten Sohn durch Suizid. Er nahm eine Pistole ... Er nahm sie für sich. Antonia ruft mich an aus der Klinik. Dort werden ihr die Tabletten entzogen. Sie sagt: „Nächste Woche werde ich entlassen! Ich kann nicht zurück nach Hause. Kann ich bei dir wohnen?" Sie kann, sie kommt. Ich muss die Süßstofftabletten verstecken, das sei sonst Anstiftung zum Rückfall zur Sucht, so sagt sie – das hatte ich nicht bedacht. Wir müssen Kontakte knüpfen. Blumenverkäuferin in Fußgängerpassage gesucht – und gefunden. Antonia arbeitet. Dann geht sie zuerst in Rente und dann nach Andalusien. Die Gärtnerei wird verkauft. Antonia bezahlt die Finca in Spanien in bar. Ein wunderschönes Anwesen ist das! Ihre Urne im Garten der Finca ... Monate später erscheint sie ihrer Lieblingsschwester im Traum. Sie befindet sich inmitten einer wunderschönen Landschaft: Blüten, Bäume, ein Bächlein mit Brücke – darauf steht Antonia und sagt lächelnd zu ihrer Schwester: „Es geht mir so gut."

Er, der Große, der Starke, der Unwiderstehliche. Der Beliebte, dem Gott und die Welt zu Füßen lag. Der mit der Klampfe, der Pfadfinder kluft, mit dem „Wenn die bunten Fahnen wehen, geht die Fahrt wohl übers Meer". Der, welcher mit 16 schon Flakhelfer war, der mit 17 das Eiserne Kreuz bekam. Nach dem Krieg will er sein Eisernes Kreuz nicht im Hause behalten. Er versteckt es in einer hohlen Eiche – der Dorfeiche. Unter der sollen der Überlieferung nach die alten Germanen schon Thing gehalten haben. In den 80er-Jahren zünden Jugendliche ein Feuer an in der hohlen Eiche. Das hat sie nicht überlebt. Nun steht sie nicht mehr da. Sie ist einfach weg.

Bruder, den Judith so liebte. Aber das wurde nichts, denn du wandertest aus – aus nach Südafrika. Und der Tafelberg war so schön! Am Abschiedstag schenktest du mir 50 Mark, dein letztes deutsches Geld! Ich war selig und kaufte mein erstes Fahrrad. Viele Jahre später – und der Tafelberg war so schön! – besuchte ich dich. Du hattest vier weiße Kinder und schwarze Hausangestellte. Du bautest Eisenbahnstrecken, die heute noch befahren werden, und Gebäude und Türme. Die stehen noch heute. Als Baas wärest du sehr beliebt bei den Schwarzen und bekannt als gerecht. Und der Tafelberg war so schön! Gott sei Dank wäre Südafrika nicht so verweichlicht wie derzeit Europa mit der antiautoritären Erziehung und all den Demonstrationen und Wehrdienstverweigerungen. Die Eingeborenen hätten so ihre eigene Art. Manchmal trügen sie eine Krawatte ohne ein Hemd darunter. Als ein weißer Missionar in dein Haus kam und um eine Spende für sein Kinderheim bat, gabst du ihm großzügig – ich war selber dabei. Und der Tafelberg war so schön! Bruder, als du mich in Kapstadt zum Zug gebracht hast, ich weiß nicht mehr, was da war, ich weiß nicht mehr, wie das war. Ich sah nur noch die Gleise und den Zug. Das Ende meiner Reise … 20 Jahre danach dachte ich: Das kann man doch nicht so lassen! Schließlich bist du doch mein Bruder! Und ich schrieb dir einen Brief: Lieber Bruder, auch wenn unsere Lebenswege sehr unterschiedlich verlaufen sind, so sollst du doch wissen, dass ich immer deine kleine Schwester bin. In Liebe …

Am Ostersamstag erhielt ich die Nachricht, du wärest am Herzinfarkt gestorben. Ich fragte deine Frau. Sie sagte, du hättest meinen Brief noch bekommen.

Einige Monate danach suchte ich dich auf – nicht real, sondern mental, wie ich das manchmal so mache. Ich wollte mal schauen, wie es dir so geht dort drüben, hinter der Grenze, in der anderen Welt, jenseits von Afrika und Europa – fern vom Tafelberg.

Ich fand ihn auch drüben. Er erkannte mich nicht, er sagte „Sie" zu mir – und betrauerte sein kurzes Leben. So richtig von Herzen geliebt, das hätte ihn keiner. Ich hörte ihm ruhig zu und beließ es dabei.

Der Krieg ist zu Ende! Meine älteren Geschwister gehen wieder zur Schule. Mein zweiter Bruder ist 14 Jahre alt. Er fährt mit dem Fahrrad zur Schule und sieht auf der Wiese einen glänzenden Gegenstand liegen. Den will er mit nach Hause nehmen! Die Mine explodiert und reißt sein Bein ab. Ein Militärfahrzeug bringt ihn ins Krankenhaus. Eine Woche später darf ich ihn mit meiner Mutter besuchen. Im Krankensaal liegen viele

Männer oder Jungen, sie haben alle einen Arm oder ein Bein ab, oder sie sind blind – oder alles auf einmal. Sie sind schwarz von den Explosionen, darum erkenne ich meinen Bruder fast gar nicht. Auch nicht an der Stimme; er redet ja nicht. Ich habe für jeden einen Apfel mitgebracht. Da bin ich aber froh, dass ich etwas verteilen kann. Was ist das für ein Sprengkörper, der das gemacht hat? Das frage ich meinen Bruder 30 Jahre danach. Er antwortet: Es war eine deutsche Mine. Sie war bestimmt für den Feind – obwohl ... Mine ist Mine. Minen haben keine Nationalität.

Ich sehe seine Krücken – heutzutage heißt das Gehhilfen – vor seinem Bett stehen. Später steht dort sein künstliches Bein – es heißt Prothese. Niemals erlaubt mein Bruder, dass jemand ihm hilft, dann wird er richtig böse. Auch Mutter und Vater dürfen das nicht. Niemals hat er sich beklagt – im ganzen Leben nicht. Er bekommt eine kleine Kriegsversehrtenrente. Im Laufe der Jahre hat er sieben Nachoperationen und zwölf neue Prothesen. Wenn der Stumpf sich verändert hat, bekommt er eine neue. Noch heute pudert er ihn und schützt ihn mit einem Spezialstrumpf. Der hilft gegen Wundscheuern, gegen Druckstellen und Geschwüre – aber nicht immer. Noch vorige Woche ist er für zwei Tage bei mir zu Besuch im Altenheim. Er sagt: Hol mir mal mein Bein! Und lacht.

Mit 24 Jahren fährt mein Bruder Vespa. Wenn er die fährt, merkt man nichts. Ab 1960 fährt er VW-Bus mit Automatik; Platz genug für ihn, seine Frau und seine acht Kinder. Seine Tochter erkrankt, da ist sie 24, und verbringt einige Monate in einer Klinik. Am Tage ihrer Entlassung wirft sie sich selber aus dem Fenster – aus dem Fenster im sechsten Stock. Da kann keiner was für. Ich lerne: Ab dem achten Stock soll es absolut tödlich sein. Sie springt aus dem sechsten und lebt noch einige Stunden. Sie leidet nicht lange ... oder ich leide nicht lange, denn am Tag ihrer Beerdigung, als ich ratlos vor meinem Kleiderschrank stehe, höre ich sie hinter mir kichern und sagen: „Wegen mir brauchste doch keine schwarzen Klamotten anziehen." Auf dem Friedhof bleibe ich bei ihr, während ihr Sarg zugeschaufelt wird. Für einen Moment unterbricht der Totengräber seine Arbeit, schaut mich an, sagt: „Wir haben sie warm angezogen" (es ist nämlich Winter), und schaufelt dann weiter. So einen Totengräber vergisst man niemals. Meine Nichte erscheint ihrem Papa im Traum und sagt: „Keine Sorge, es geht mir gut." Da muss man nicht lange weinen. Da darf man nicht lange weinen ... Da darf man nicht lange weinen!

Ave Maria 2011. Maria, geboren 1903, gebar Maria 1933. Maria, geboren 1933, lebt das Leben ihrer Mutter Maria, geboren 1903, nach. Ave Maria.

Einmal bin ich in den Sommerferien bei Tante Joana und Onkel Nigel auf dem Bauernhof. Onkel Nigel ist schon alt. Er sitzt immer auf der Ofenbank und raucht Zigarillos, die stinken so. Wenn er Zigarillos raucht, geht es ihm gut.

Tante Joana ist ein guter Mensch, aber sehr still. Sie ist etwas schief, aber nicht sehr. Sie arbeitet schwer und macht ein Gesicht, als ob sie immer starke Schmerzen hat. Ihre Söhne und Töchter sind schon erwachsen. Sie arbeiten auch auf dem Hof. Der Älteste bekommt dann den Hof. Die Jüngeren bleiben als Knechte auf dem Hof oder sie bekommen ein Erbe ausgezahlt – oder sie müssen woanders einheiraten. Die Töchter müssen heiraten oder ins Kloster. Einmal höre ich entsetzliche Schreie von den Ferkeln im Schweinestall. Eins nach dem anderen schreit entsetzlich. Sie nennen die Ferkel Biggen. Beim Abendessen frage ich, ob die was abgeschnitten kriegen, aber niemand antwortet mir. Die Männer gucken auf ihre Teller mit Bratkartoffeln und grinsen ein bisschen. Tante Joana grinst nicht. So einen Bauernhof möchte ich niemals haben, wo Ferkel so schreien müssen.

Nachts, wenn ich aufs Klo muss, muss ich ganz alleine über die Graupe gehen; so heißt der Kuhstall. Die Graupe ist da, wo alle Kühe in einer Reihe nebeneinander stehen. Sie machen immer so große weiche Fladen hinter sich. Pfannekuchen nennen wir das. Oder sie machen Pipi in einem mächtigen Strahl. Dann muss man schnell beiseitespringen. Nachts legen sie sich hin und käuen wieder. Sie würgen das schon gefressene Fressen wieder hoch und fressen es noch einmal. Das habe ich in der Schule gelernt.

Das Klo für die Menschen liegt am Ende der Graupe. Da muss ich hin und wieder zurück. Aber es ist gar nicht gefährlich. Niemand erschreckt mich und niemand will mir etwas tun. Die Kühe käuen nur wieder; sie sind sehr lieb.

Einmal ist ein Gewitter und Stromausfall. Dann zünden die Menschen immer eine Kerze an, damit der Blitz nicht einschlägt. Meistens hilft es. Wenn es nicht hilft, brennt der ganze Bauernhof ab. Dieses Mal hat es geholfen, das Licht ist wieder da. Aber meine Tante und meine Cousine sagen, ich sollte mal zum Nachbarn gehen und fragen, ob der Strom wieder da ist. Ich will das nicht tun, weil doch jeder sieht, dass das Licht im Haus wieder an ist – im Haus meiner Tante und auch im Nachbarhaus.

Trotzdem muss ich hin und fragen. Denn ich muss immer gehorchen. Immer.

Die Nachbarn sagen: Der Strom ist wieder da! Sie sagen das ganz ernst. Ich richte das meiner Tante und meiner Cousine aus. Nun sind alle zufrieden, alles hat seine Richtigkeit. Vielleicht waren die Nachbarn ja damals verfeindet und ich war nur wegen dem Strom die Botin zwischen den Häusern. Aber das kommt mir erst jetzt beim Erzählen.

Meine anderen Verwandten wohnen in einer anderen Gegend. Ich darf oder muss alleine dorthin fahren, mit dem Zug. Meine Mutter bittet den Schaffner, auf mich aufzupassen. Ich stehe auf dem Bahnsteig, aber der Schaffner redet gar nicht mit mir. Er hilft anderen Leuten und ich denke, er hat mich vergessen. Ich klettere ganz allein in den Zug und setze mich in ein Abteil. Später kommt der Schaffner rein, ganz rot und verschwitzt, er dachte, ich wäre weg, und hatte Angst. Mit seinem Locher knipst er die Fahrkarte, dann weiß jeder, dass sie schon entwertet ist. Auf der Rückfahrt kommt noch ein Loch in die kleine braune Pappkarte. Man kann sie zu Hause zeigen und dann in einem Kästchen aufbewahren.

Tante Suzi holt mich vom Bahnhof ab. Ich bin dann bei ihr und Onkel William zu Besuch. Meine Schwester ist schon bei der anderen Tante im selben Dorf, auch zu Besuch. Tante Suzi und Onkel William haben zwei Kinder. Ich weiß nicht, warum manche Leute nur ein oder zwei Kinder haben, und andere acht wie wir, oder noch mehr. Aber ich darf nicht fragen, woher das kommt. Ich darf nichts fragen, auch nicht darüber nachdenken und keinen eigenen Willen haben.

Wenn ich doch etwas frage, bekomme ich keine Antwort, oder es heißt: Du bist noch zu klein!

Also: Tante Suzi und Onkel William haben nur zwei Töchter. Die heißen auch nach den Großmüttern. Meine Cousinen sind ungefähr so alt wie ich. Sie tragen viel Schmuck: Ringe, Armbänder, Kettchen und Ohrringe. Denn Onkel William verkauft Gold- und Silberschmuck. Ich bekomme nur einen einzigen Ring von Tante Suzi. Ich finde das wenig im Vergleich zu meinen Cousinen, aber das darf ich nicht denken. Ich darf nicht begehren meines Nächsten Hab und Gut. Darum denke ich das auch nicht und bin zufrieden mit meinem einen Ring.

Meine Schwester ist im selben Dorf zu Besuch bei Tante Irmgard und Onkel Theo; die wohnen im Haus vor der Grenze, ganz nah am Schlagbaum. Sie haben Landwirtschaft und eine Gastwirtschaft.

Tante Suzi und Onkel William streiten sich oft. Einmal hebt Onkel William meine Cousine hoch und hält sie über den heißen Ofen. Sie schreit, er setzt sie aber nicht ab. Ich will nicht dort bleiben.

Als meine Schwester zu Besuch rüberkommt, sage ich ihr das. Ich darf mit zu Tante Irmgard und Onkel Theo. Wir sagen einfach, ich hätte Heimweh nach meiner Schwester gehabt. Bei Tante Irmgard und Onkel Theo passiert nichts Schlimmes, bloß dass der Onkel immer so laut brüllt.

Am Abend finde ich nicht die Tür zu meiner Schlafkammer. Ich öffne einfach irgendeine auf dem dunklen Gang – und rutsche runter in den Kartoffelkeller. Aber ich tue mir nicht weh. Alle lachen und haben Mitleid mit mir. Dann bringen sie mich ins Bett.

Am nächsten Tag gehen meine Schwester und ich noch einmal zu Tante Suzis Haus und holen meine Sachen. Tante Suzi hat ein blaues Auge. Ich muss da immer hingucken. Und Tante Suzi sagt: Ach, du guckst auf mein Auge! Ich hab mich bloß am Schrubber gestoßen. Ich muss alles glauben, was Erwachsene sagen, darum glaube ich ihr. Aber ich glaube nicht ganz fest. Ich will nie mehr in Ferien fahren. Aber ich will auch nicht zu Hause bleiben.

Als wir wieder Schule haben, fragt der Lehrer nach unseren Ferienerlebnissen. Ich sage: „Ich war in Belgien." Der Lehrer ist sehr interessiert, weil ich das einzige Kind bin, das im Ausland war, und fragt, welche Eindrücke ich denn in Belgien gehabt hätte. Ich antworte: „Meine Tante wohnt im letzten Haus vor der Grenze. Ich war in Belgien, aber nur mit einem Fuß, unter dem Schlagbaum." Da ist der Lehrer ganz böse auf mich. Damals weiß ich noch nicht, dass dort noch nicht Belgien ist. Sondern Niemandsland.

Eine Zeitlang will ich Nonne werden. Eine Christusbraut. Aber meine Schwestern lachen mich aus. Da gebe ich mein Vorhaben auf. Meine Mutter schimpft mit meinen Schwestern, weil sie mich ausgelacht haben und ich nun nicht mehr Nonne werden will. Nämlich wenn Eltern viele Kinder haben, sollte ein Sohn Priester oder wenigstens eine Tochter Nonne werden. Man sagt nicht, dass sich das so gehört, aber das hätte man gern. Unser Vater ist nicht nur Hauptlehrer und Standesbeamter, er spielt auch die Orgel in der Kirche. Er sitzt hinten auf der Orgelbank und kann alles sehen, auch wenn wir Kinder zappeln oder Heiligenbildchen tauschen. Vorne am Altar ist der liebe Gott; der sieht auch alles. Mein Vater und Gott sehen alles; sie wissen, was man Böses gemacht hat. Ein Sprichwort sagt: Ein Auge ist, das alles sieht, auch was bei finstrer Nacht geschieht. Obwohl, nachts schlafe ich immer, da gibt es nichts zu sehen. PS: Heute bin ich ganz froh, dass meine Schwestern mich ausgelacht haben.

Manchmal wird mir in der Kirche schwarz vor Augen und ich bin ganz kalt. Wenn ich wieder aufwache, liege ich auf dem Sofa im Schwesternhaus. Schwester Rosa sagt mir, ich wäre ohnmächtig gewesen. Wenn ich bei Schwester Rosa bin, tut mir keiner was. Sie ist immer lieb, und wenn man die Krankheit überstanden hat, bekommt man einen dicken braunen Kandisklumpen. Einmal klopfe ich mit unserer Schrubbbürste auf meine Arme. Nach einigen Minuten erscheinen dort rote Pünktchen. Ich vergesse, dass ich geklopft habe und denke, ich habe die Masern. Erwartungsvoll mache ich mich auf den Weg zu Schwester Rosa. Sie wohnt natürlich zusammen mit ihren beiden Mitschwestern im Schwesternhaus hinter der Kirche. Die eine ist Küsterin und die andere sorgt für die drei zusammen. Ich muss über den Friedhof gehen und sehe ein offenes Grab; es ist leer, daneben ein Erdhaufen mit einigen Knochen darin. Da renne ich um mein Leben zum Schwesternhaus. Schwester Rosa merkt sofort, dass ich keine Masern habe. Sie gibt mir trotzdem einen dicken braunen Kandisklumpen. Kandisklumpen nehme ich lieber als einen Apfel, Äpfel haben wir selber. So eine Nonne vergisst man nicht – niemals, auch nicht nach 70 Jahren.

Im zweiten Schuljahr haben wir Kommunionsunterricht. Unsere Lehrerin verspricht uns, dass Jesus ganz leise mit uns sprechen wird, wenn wir ihn empfangen. Ich habe neue Schuhe aus Amerika – aus einem Care-Paket – und Strümpfe. Die sind komisch, sie haben keine eingenähten Fersen. Ich bin glücklich und aufgeregt, heute bin ich die wichtigste Person in der Familie. Aber als ich die Hostie empfange, höre ich nichts.

Verstohlen schaue ich durch meine Finger, die ich mir vor das Gesicht geschlagen habe, hindurch nach den anderen Kindern. Die hören alle was, nur ich nicht. Den ganzen Tag betrüge ich meine Familie. Ich tue so, als ob Jesus auch zu mir gesprochen hätte. Der Pfarrer kommt zu uns nach Hause und beglückwünscht mich. Er sagt, dies sei der schönste Tag im Leben eines Kindes. Meine Mutter weint vor Rührung. Von da an ist es für mich vorbei mit „lieber Gott". Er will ja nicht mit mir reden! Waren meine Sünden denn so schwer, dass Gott nichts mit mir zu tun haben will? Ich sage zwar „lieber Gott", denke das aber nicht. Wenn überhaupt, denke ich nur „Gott". Aber ich mache das unauffällig, dann merkt das keiner. Zu der Zeit finde ich Gott nicht lieb. Ich finde ihn furchtbar.

Unsere Lehrerin ist ja eigentlich die Kollegin von meinem Vater. Aber er ist höher, weil er ein Mann ist. Darum ist er auch Hauptlehrer geworden. Also, unsere Lehrerin sagt manchmal zu mir: „Du brauchst dir nichts einzubilden, nur weil du Lehrers Töchterlein bist." Ich glaube, sie sagt sogar: „Du brauchst dir nichts einbilden." Damals nimmt man es mit dem begleitenden Infinitiv noch nicht so genau. Und wir Kinder hätten grammatikalische Fehler sowieso nicht gemerkt. Wir reden ja selber so. Sie sagt jedenfalls, ich brauche mir nichts einzubilden. Ich weiß nicht, wie sie darauf kommt. Ich bilde mir nichts ein – worauf auch! Einmal sitze ich in der Pause vor dem Unterricht auf der Fensterbank im Flur. Meinen Ranzen habe ich auf, darin befinden sich die Schiefertafel mit dem Schwämmchen und eine Griffeldose und zehn selbstgeschnitzte kleine Stöckchen. Mit denen lernen wir zuzählen und abziehen, damit wir nicht die Finger zum Rechnen nehmen müssen – dafür haben wir die Stöckchen. Heutzutage heißt das addieren und subtrahieren. Ich finde zuzählen und abziehen besser. Dabei sieht man den Vorgang mit eigenen Augen. Man zählt Zahlen hinzu oder man zieht wieder welche ab. Neben mir sitzen zwei Jungen auf der Fensterbank. Da werde ich geschubst und breche mit meinem Ranzen nach hinten durch die Fensterscheibe. Da kann keiner was für. Niemand ist verletzt, nur die Scheibe. Dann kommt mein Vater in die Unterklasse. Alle sollen aufstehen, die in der Pause auf der Fensterbank gesessen haben. Die beiden Jungen stehen ganz auf, ich nur ein bisschen, sodass er das nicht sieht. Mein Vater sagt, dass die Eltern die zerbrochene Scheibe bezahlen müssen. Ich weiß gar nicht, wie es für mich weitergehen soll. Meine Schwester und ich teilen uns ein Bett. Sie fragt mich am nächsten Morgen, was ich hätte, im Schlaf hätte ich ausgesehen wie eine Tote. Nach einer Woche löst sich die Sache von selber. Mein Vater bestellt einen Glaser, es ist keine Rede mehr davon, dass Eltern den bezahlen müssen.

Im vierten Schuljahr bekommen wir einen Lehrer in die Mittelklasse. Er ist Flüchtling und wohnt mit seiner Frau oben bei uns im Lehrerhaus. Ihr Sohn ist vermisst, man weiß nichts von ihm. Manchmal schenkt die Frau mir eine Mark. Das ist viel Geld. Ich möchte das nicht annehmen und schiebe es wieder durch den Türschlitz zurück in ihre Wohnung. Danach schenkt sie mir kein Geld mehr. Da tut es mir wieder leid. Manchmal erzählt der neue Lehrer schreckliche Dinge, solche habe ich noch nie gehört, nämlich dass aufgehängten Menschen Salz unter die Füße gestreut wurde, sodass es dort anklebte, dass dann Ziegen an ihren Füßen leckten und diese Menschen so lange lachen mussten, bis sie verrückt wurden. Ich glaube, unser Lehrer ist selber verrückt. Wenigstens zeitweise. Ich weiß auch nicht, wo und wann das passiert sein soll.

Manchmal kommt der Schulrat und nimmt eine Probestunde ab. In einer Stunde nehmen wir das Wort Mauer durch und tragen alle Wörter zusammen, die damit zu tun haben. Der Schulrat gibt keine Ruh; ein wichtiges Wort würde noch fehlen. Er bohrt und bohrt. Uns Kindern fällt es nicht ein – auch nicht unserem Lehrer. Schließlich verrät der Schulrat es: Er wollte das Wort Gemäuer hören. In meinem ganzen folgenden Leben habe ich niemals das Wort Gemäuer benutzt. Ich denke auch nie Gemäuer. Ich denke dann alte Mauern, dann braucht man kein Gemäuer. Es ist nicht nötig, einen Menschen nur wegen eines Wortes zu quälen.

Wenn ich den Unterricht störe, ruft der Lehrer: „Raus!" Worin das Stören besteht, daran kann ich mich nicht erinnern. Stören kann man nicht definieren. Es wird so getan, als ob ich böse bin, sehr böse – sehr, sehr böse! Dann ruft der Lehrer „Raus!", und ich muss vor der Tür stehen und auf die Pause warten; auf dem Betonboden sehe ich dann meine feuchten Fußabdrücke und habe Angst, dass mein Vater mich daran erkennen kann, wenn er aus seiner Oberklasse kommt – auch wenn ich schon weg bin, dass er mich immer noch an meinen Fußabdrücken erkennen kann.

Die Flüchtlinge bekommen Zimmer zugewiesen bei den Bauern. Sie richten sich dann dort ein, so gut es geht. Oft helfen sie in der Landwirtschaft oder im Haushalt, oder sie stricken und nähen für die Dorfbewohner. Sie haben ihre eigenen Landsmannschaften und singen ihre eigenen Lieder, Lieder, die wir bis dahin nicht kennen. Zum Beispiel „Leise rieselt der Schnee". Wir bekommen einen zweiten Pfarrer im Dorf, er ist auch

Flüchtling. Wir Kinder nennen ihn Pfarrer Dickbauch, aber das dürfen wir nicht, Mutter verbietet uns das strengstens. Meine Schwester und ich gehorchen, wir sagen das nämlich nie wieder. Wir machen nur eine Bewegung mit den Armen und lachen uns dann kaputt. Nie höre ich von Unstimmigkeiten zwischen Bauern und Flüchtlingen in unserer Gegend, die kommen erst lange nach dem Krieg, als die Lastenausgleich vom Staat bekommen und ganz günstig bauen können. Die Bauern bekommen nichts, sie sitzen weiter auf ihren unrenovierten Bauernhöfen und die Flüchtlinge wohnen in schönen Neubauten.

In den Herbstferien können wir Kinder uns Geld verdienen. Wir sammeln Kartoffeln beim Bauern. Für sechs Stunden bekommen wir drei Mark. Das ist viel Geld – sehr viel Geld. Die Kartoffeln sind in Reihen angeordnet, weil sie im Frühjahr so gepflanzt wurden. Nun fährt ein Trecker durch die Reihen. Er häuft die Erde auf, damit wir an die Kartoffelnester kommen. Wir haben einen Korb neben uns, da werfen wir die aufgelesenen Kartoffeln rein. Entweder wir bücken uns oder wir robben auf den Knien die Furche entlang, wenn uns der Rücken zu weh tut. Ich bin nicht so schnell wie die anderen Kinder, aber die lassen mich das nicht spüren. Wenn ich den Anschluss verliere, helfen sie mir schnell, den Abstand einzuholen. Solche Kinder vergisst man nicht – niemals. Am Abend kocht die Bäuerin für uns. Wir essen am großen Holztisch in ihrer Küche. Aus Versehen schüttet sie heiße Milch über meine Hand statt in meine Tasse. Es tut sehr weh, aber ich weine nicht. Ich weine nicht, weil die Bäuerin so lieb ist, und weil sie so erschrocken ist. Weil es ihr so leid tut und sie es so gerne wieder gutmachen möchte – darum weine ich nicht. Sie schüttet Mehl über meine verbrannte Hand. Heutzutage tut man das nicht mehr, das geht gar nicht – das ein No-Go, medizinisch gesehen. Heute hält man die Hand unter kaltes, fließendes Wasser, bis die Hitze nachlässt. Auch mit Wasser geht sie nicht immer ganz raus, die Hitze. Wenn ich die Bäuerin noch einmal wiedertreffe, sage ich ihr: Machen Sie sich keine Sorgen mehr wegen damals vor 60 Jahren. Es war zwar nicht schön, aber auch nicht ganz so schlimm. Von nun an lassen wir die Milch erst einmal abkühlen, oder wir machen das anders: Ich halte die Tasse nicht mehr fest. Von nun an stellen wir sie auf den Tisch. Dann können Sie gefahrlos die heiße Milch hineinschütten, so machen wir das von nun an.

In den Herbstferien können wir noch mehr Geld verdienen, nämlich bei der Lupinenernte. Wir bekommen 67 Pfennig für eine Stunde. Das ist viel Geld – sehr viel Geld. Mit einem Messer in der rechten Hand schneide ich die Lupine unten ab, dann lege ich sie auf meinen gebeugten Arm. Wenn der Arm voll ist, trage ich die Lupinen zur Sammelstelle. Ein Erwachsener stapelt sie dann. Später werden sie geholt und woanders gedroschen. Aber da haben wir nichts mehr mit zu tun. Durch das Dreschen gewinnt man den Samen, der wird dann verkauft. Lupinenschneiden ist für mich besser als Kartoffelsammeln, da merkt man nicht bei, dass ich langsam bin. Wenn es regnet, müssen wir warten. Wir verbergen uns unter Zeltplanen. In der Zeit erzählt Herr Raschinski Geschichten, zum Beispiel von der Zeit, als er in der Steppe von Kurdistan lebte. Herr Raschinski ist Flüchtling. Er ist im Stadtrat, aber parteilos. Das Geld vom Lupinenschneiden braucht er – wir brauchen alle das Geld. Einmal erzählt er von Wiedergeburt; also, dass der Mensch als Mensch, aber auch sogar als Tier mehrmals auf die Erde kommen kann. Die Buddhisten meinen, es sei eine Rückstufung, wenn man als Tier zurückkommt. Ich persönlich finde das nicht, wenn es ein schönes Tierleben ist, ist das doch wunderbar. Was Herr Raschinski von Wiedergeburt erzählt – ich möchte das glauben. Ich finde das vernünftig, gerecht und tröstlich. Dann muss man nicht alles auf einmal schaffen. Das geht doch sowieso nicht. Und die kleinen gestorbenen Babys bekommen ein neues, längeres Leben. Ich bin nicht gegen die Wiedergeburt.

Zu Hause frage ich meinen Vater, ob er daran glaubt. Er ist sehr aufgebracht. Er will mir verbieten, weiter Lupinen zu schneiden, da käme überhaupt nichts bei raus, meine Kleidung würde dabei zu sehr verschlissen, sodass sich die ganze Arbeit nicht lohnen würde. Ich kann da keinen Zusammenhang sehen. Ich trage doch sowieso mein allerältestes Kleid. Besser hätte ich meinen Mund gehalten – hätte ich doch bloß meinen Mund gehalten! Wenn ich rede, gibt es nur Ärger! Dann darf ich aber doch weiter Lupinen schneiden.

Jahre später erzählt meine Schwester mir: Herr Raschinski ist gestorben. Darüber muss ich lange weinen. So einen Menschen wie Herrn Raschinski … Aber er kann ja wiederkommen. Vielleicht ist er schon lange wieder zurück, und ich habe ihn nur noch nicht getroffen … oder noch nicht erkannt.

Der erste Fernseher im Dorf steht in der Gastwirtschaft. Von da an ist die immer voll. Ich gehe auch mal gucken. Der Fernseher ist ein Kasten aus Holz, davor ist eine Scheibe und darin das Bild. Auf dem Bild rennen immer weiße und graue Pünktchen hin und her – es sieht aus wie Schneetreiben, ist aber ein Fußballspiel. Später bekommen wir auch einen Fernseher. Das Bild befindet sich in gerader Linie zum Schlüsselloch in der Stubentür. Das ist ein Glück. Oft stehe ich abends, wenn ich schon ins Bett soll, und schaue noch etwas mit. Ich wundere mich, dass meine Eltern sich so was ansehen. Wenn wir Kinder mit in der Stube wären, würde meine Mutter den Apparat rigoros abstellen.

Mach doch mal den Fernseher an!

Schalt doch mal um!

Probier mal 'nen anderen Kanal!

Lass mal an!

Saison – vom Platz gestellt – Vorsprung – Qualifikation – Horrorszenarien!!! – schwierige Saison … – Samstag entlassen, wechseln Millionen … – Megatorwart! – Koalitionsvertrag – Streit – Volksabstimmung – Dilemma – Dreamteam – militärischer Einsatz – Sicherheitsrat – Flugverbotszone – entschlossen, verbündeten … – Weltsicherheitsrat – eskalierende Gewalt … – starkes Signal – … sofort beenden. – Repressionen – … entschließen Resolution. – Treffen – Minister – Volksabstimmung – Dialog – beschäftigte Unternehmer … –Wahlversprechen – unkompliziert – Konsum – Energiewende – Preise auf höchstem Stand … – gedämpft – Konkurrenz – Elterngeld – Krippen – Steuerentlastung – 1,36 Kinder pro Frau – Karrierechancen – Quotenregelung – Team eingetroffen. – Menschenrechtsverletzungen – Zivilbevölkerung – Beschluss – NATO – Krankenhäuser – Flüchtlinge – … tödliche Schüsse … – Traumhochzeit – detaillierter Ehevertrag – … kein Anspruch auf Abfindung. – ausziehen – Blick erhaschen – Queen – Identitätsdiebstahl – Sicherheitslücken – zentrales Passwort – Kreditkarte – Desaster – Nutzer betroffen … – … potenzielle Opfer. – 70 Prozent Risiko – vernetzte moderne Welt … – Millionen – Datenattacke – Network – einloggen – gegen menschliche Spieler spielen – Server – sensible Daten – Atomkraft – steiniger Weg … – geeinigt – Auslaufmodell – ((auch für Rest dieses Abschnitts: alle Satzzeichen außer Gedankenstriche weg?)) Bildungspolitik – … Paket geschnürt – Bildung, Bildung, Bildung! – Finanzierung – Grunderwerbsteuer – … Problem stellen müssen … – Juniorpartner – 0180 hemmungslos, ruf an, keine Wartezeiten! –

supergünstig vom Handy! Scharfe Frauen live – chatten, gut bestückt! – bereite Girls! – Hausfrauen m/w SM, SMS – frivol! – Gays Online! – vulgär, 14 Cent die Minute! –Flucht, Krieg, Hunger – Freiheit, Demokratie – Schengen-Abkommen – Grenzen dicht! – Wähler gewinnen … – zerstritten – Ausnahmezustand – 26.000 Wellen – ausgeliefert. – Schlepperbanden – … wieder hinaus aufs Meer! – … Insel sauber … – Spielcasino – … 60 Liter – Waldbrandgefahr! – … spiralförmige Wolken, oberhalb Schnee, wechselhaft, … – Tornados – … historische Ausmaße – Zusatzzahl: … – Superzahl: … – Ziehung Super 6: … – … Gewähr – Meine Kollegin … – Schalte. – … schönen Abend!

Eines Morgens finde ich Blut in meinem Bett, viel Blut. Ich denke: Nun muss ich sterben! Meine Schwester sagt: „Das ist nicht so schlimm. Das haben alle Frauen; das kommt jetzt alle vier Wochen." Ich hatte noch nie davon gehört. Ich bekomme Geld für Binden. Die Verkäuferin im Wäschefachgeschäft sagt nicht viel, aber ich merke an ihrer Stimme, ich tue ihr leid. Sie möchte mir helfen, das merke ich an ihrer Stimme. So eine Verkäuferin vergisst man nicht – niemals, auch nicht nach 58 Jahren.

Zu dieser Zeit weiß ich noch immer nicht, wie die kleinen Kinder in den Leib der Mutter kommen. Inzwischen kann ich lesen, aber das hilft mir nicht weiter in dieser Angelegenheit. Denn in unserem dreibändigen Brockhaus wird auch nicht erklärt, wie so ein Kind unter das Herz seiner Mutter gerät. Immerhin zeigt eine Skizze, wie es da wegkommt … Na ja, halt, wie es da rauskommt.

Noch später gibt es die „Bravo". Aber die ist zu teuer und zu unerhört für mich. Heide und Elke lesen die immer. Elkes Eltern haben einen Schreibwarenladen, die kommt da dran. Heide und Elke sind eh frühreif. Die gehen schon mit Jungens. Heide und Elke haben neumodische Namen, die lesen die „Bravo" – aber sie lassen keinen mitlesen.

Zu der Zeit bekomme ich ein Aufklärungsbuch, da steht drin, dass die Liebe ein Geheimnis zwischen Mann und Frau ist, und dass ein Mädchen bis zur Vermählung rein bleiben und reif werden soll, aber das weiß ich ja schon.

In meiner Kindheit können sich die Evangelischen und die Katholischen nicht leiden. Die jungen Männer eines Dorfes kämpfen regelmäßig mit den andersgläubigen jungen Männern des anderen Dorfes. Am besten sonntagnachmittags, da haben sie Zeit. Obwohl sie sich vorher nie absprechen, klappt es immer. Zwischen den Dörfern treffen sie aufeinander.

Zuerst rufen sie Schimpfwörter hin und her, dann heben sie Steine auf, dann stürmen sie aufeinander los und prügeln sich, bis sie genug haben. Ich wundere mich, dass sie sich freiwillig schlagen. Die meisten von ihnen bekommen doch schon von ihren Vätern genug Prügel. Aber das ist etwas anderes. Das ist nicht freiwillig. Wo ich wohne, gibt es keine andersgläubigen Dörfer. Aber die jungen Männer treffen sich trotzdem sonntags zum Prügeln. Das ist dann Nachbarschaftskrieg – und kein Glaubenskrieg! Das ist etwas anderes. Da geht es nicht um höhere Werte. Obwohl … Es sieht genauso aus. Um solche Prügeleien zu verhindern, wurden die Grenzen erfunden, damit man die Feinde auseinanderhält. Die ganze Erde ist begrenzt; aber das nutzt auch nicht viel. Inzwischen ist es den meisten Leuten egal, ob einer evangelisch oder katholisch ist. Außer vielleicht in Irland. Stattdessen geht es um Kämpfe zwischen anderen Religionen, und es werden wenig Fäuste, dafür aber viele Waffen eingesetzt. – Aber das will ich nicht weiter ausführen, das können Sie alles im Fernsehen und im Internet verfolgen. Neuerdings sogar zeitgleich! Sozusagen können Sie gleichzeitig Kaffee trinken oder Karten spielen, während andere Menschen live getötet werden. Einige besondere Soldaten tragen Helmkameras und filmen alles mit.

Früher werden in der Volksschule folgende Fächer unterrichtet: Betragen, Religion, Deutsch, Rechnen, Geschichte, Naturkunde und Erdkunde – heute zusätzlich Ethik, und Rechnen heißt Mathematik. Zur Naturkunde gehört auch Technik; Englisch kommt hinzu und bald auch Französisch. die Kinder können Religion abwählen, wenn die Eltern das wollen … Ob Ethik mehr hilft als Religion? Ist noch nicht raus. Es gibt Studien, die erforschen den Wissensstand der Kinder; ob sie seltener prügeln und quälen, einander mehr oder weniger hassen, ist nicht Gegenstand der Forschungen.

In den 50er-Jahren bekommen die Kriegsversehrten neue Körperteile: Arme, Beine, Hände, Füße, Augen aus Leder, Kunststoff und Glas. Wer auf einem Auge blind ist, braucht die schwarze Augenklappe nicht mehr. Er bekommt ein Glasauge. Wenn das eingesetzt ist, guckt es meistens woandershin als das echte Auge. Aber wenigstens ist das Loch nun dicht. Wer auf beiden Augen blind ist, bekommt eine dunkle Brille und eine Armbinde, gelb mit drei schwarzen Punkten darauf, und wenn möglich einen Blindenhund. Werner bekommt einen großen Schäferhund, den Rex. Der begleitet ihn täglich auf seiner Busfahrt und führt ihn zum Krankenhaus. Dort ist Werner nach dem Krieg zum Masseur ausgebildet worden. Einmal frisst der Rex hinten im Bus ein ganzes Paket mit Fleisch weg. Das Fleisch sollte von der Endstation zur anderen Endstation transportiert und dort vom Busfahrer an den Empfänger übergeben werden. Aber das fand nicht mehr statt. Da kann keiner was für. Manche Leute sagen, Werner hätte besser aufpassen müssen. Aber er ist doch blind, und Rex will auch mal lecker essen!

Nach der Mittelschule gehe ich zur Haushaltungsschule, da bin ich grade 17. Heute würde man sagen, ich ziehe von zu Hause aus. Damals gibt es nicht viel zum Ausziehen; es gibt nur einen Pappkoffer. Jedes zweite Wochenende fahre ich mit dem Bus mit dem Koffer voll schmutziger Wäsche nach Hause. Damals haben wir schon lange eine Waschmaschine: eine Miele. Wir müssen nicht mehr mit dem Waschbrett waschen. Unsere Messingpumpe in der Waschküche wird nicht mehr benutzt, denn nun ist ja alles an Wasserhähne angeschlossen. Wir bekommen auch ein richtiges Badezimmer in meinem früheren Kinderzimmer, mit einem Waschbecken drin und einer weißen Wanne. Die Zinkwanne hat ausgedient. Nun baden wir nicht nur einmal die Woche am Samstag, sondern öfter!

Ich bin ja nun ausgezogen. Mit zwei Mädchen wohne ich in einem großen Zimmer. Vormittags gehen wir in die Haushaltsschule und nachmittags vergnügen wir uns meistens – wenn unser Taschengeld es zulässt, gehen wir ins Kino: „Vom Winde verweht", „Rendezvous unterm Nierentisch", „Die Brücke am Kwai", „Manche mögen's heiß", „Hauptrolle Hausfrau", „Das doppelte Lottchen" … Beim Film „Der Glöckner von Notre Dame" muss ich rausgehen, weil der Glöckner geschlagen wird. Die Kassiererin sagt, ich wäre überempfindlich. „Die Sünderin" mit Hildegard Knef läuft nicht mehr, da gab es zu viele Proteste von der Kirche. Schade!

Ich kaufe mir gern mal am Monatsanfang eine Kunstpostkarte oder ein Kunstbändchen für eine Mark achtzig. Da lerne ich einen französischen Impressionisten kennen und lieben. Ich vertiefe mich in die Farben und Formen. Abstrakt mag ich nicht, denn abstrakt verstehe ich nicht – Picasso ist ein Grenzfall für mich. Das Selbermalen folgt viele Jahre später, da bin ich schon in Rente. Wie sagt vergangene Woche der Verkäufer in dem Künstlerbedarfsfachgeschäft zu mir? „Sie kaufen aber viele Leinwände auf Keilrahmen und viel Acryl! Ist doch besser als immer nur fernsehen und Bier trinken, da haben Sie doch wenigstens eine Beschäftigung. Ich lasse Ihnen die Ware zu einem Schmusepreis!" Das finde ich echt nett, ich weiß nur nicht, wie der auf Bier kommt … Wie sagt vergangene Woche der Kambodschaner im Malkurs zu mir? „Du musst ein Bild schnell malen können, nur dann hat es Seele. Du musst viele Bilder langsam malen, um dann eines schnell malen zu können." Der Mann hat recht! Und da passiert auch das noch: Mädchen, welches ich malte, 40 mal 40 auf Leinwand mit Acryl, nun sitzt du da und lächelst mich an. Und ich frage mich – und ich frage dich! –: Bist du lebendig? Und du bist tatsächlich mein Geschöpf! Und ich bin nun mit dir verbunden, unsere Leben lang! – Aber das führt nun wirklich zu weit.

Kunstpostkarten sind schön anzusehen, aber meistens kaufe ich mir doch lieber eine Tafel Cremeschokolade. Die kostet 30 Pfennig. Heutzutage ist sie gar nicht mal viel teurer im Verhältnis zu damals. Die liegt jetzt bei 40 Cents ... Ich weiß das!

Nach dem Jahr auf der Haushaltungsschule steht die Wahl eines Berufes an. Ich rede mit meinen Eltern und sage: „Ich wäre ja gern Dekorateurin!" Da zieht mein Vater ein Gesicht, darum mache ich einen anderen Vorschlag: Kindergärtnerin. Damit sind meine Eltern sehr zufrieden. Ich auch. Ab Ostern kann ich zum Seminar gehen. Dort wohne ich bei einem Ehepaar. In der Schule unterrichten Nonnen. Als ich einmal tanzen gehe, bekomme ich einen Freund. Er ist 18 und in der Druckerlehre. Seine Eltern laden mich ein, sie sind freundlich zu mir. Von ihnen aus dürfen wir abends bis um neun spazieren gehen. Weil wir glücklich sind, küssen wir uns auch. Aber die Leute in der Kleinstadt sagen schon bald, wir hätten ein Verhältnis. Das stimmt nicht! Ich wüsste nicht mal, wie ein Verhältnis geht ...

Die Klasse ist ganz gut, auch ganz nett. Jede lässt sich von jeder das Buch von Francoise empfehlen – „Bonjour Tristesse". Allein schon der Titel! Jede muss es lesen, da sind wir vom Alter her fast 20. Tessa leiht mir das Buch für die Ferien. Ich habe nie erfahren, was denn so Unerhörtes darin steht, was daran so verdorben ist und macht – muss mal bei Google googeln, ob's noch existiert, das Buch, bei Amazon oder bei Ebay oder sonst wo – einfach mal aus heutiger Sicht lesen, 50 Jahre danach. Il n'est jamais trop tard – es ist nie zu spät Tessa jedenfalls leiht mir das Buch. „Bonjour Tristesse". Allein der Titel! Mutter entdeckt es in den Ferien in meinem Gepäck und wirft es kurzerhand in den Kanonenofen. Am Ende der Ferien muss ich in der Bahnhofsbuchhandlung – zwischen zwei Zügen ein neues Exemplar kaufen. Denn schließlich hat Tessa mir das Buch nur geliehen und nicht geschenkt. Kurze Zeit später wird Tessa von der Schule geschmissen. Die Nonnen nennen das geschasst. Tessa sei wie ein fauler Apfel, und der sollte die anderen Schülerinnen nicht auch noch anstecken. Ich kann das nicht verstehen, ich finde Tessa ganz nett. Sie trägt immer Röckchen mit Pettycoat drunter ... allerdings ziemlich kurze – vielleicht zu kurz.

Eines Tages werde ich ins Büro zu Schwester Theodora gerufen. Das ist die Oberin und Leiterin der Schule. Sie sagt, man mache sich große Sorgen um mich. Mehrfach hätte man mich in dem Ort mit einem Jungen gesehen. Man habe Erkundigungen eingezogen. Dieser Junge sei evangelisch und sein Vater unehelich geboren. Sie sähe sich gezwungen, meine Eltern zu informieren. Als ich hinausgehe, gibt sie mir noch mit auf den Weg: „Halten Sie sich sauber." Als ich in den Ferien heimfahre zu meinen Eltern, muss ich ihnen versprechen, dass ich mich nicht mehr mit dem Jungen treffen werde. Meinen Freund bitte ich dennoch, sich über meine Religion zu informieren. Er stimmt auch zu und geht an einem Abend zu einem netten jungen Kaplan. Aber da wird ihm übel wegen einer Bleivergiftung – sein Chef lässt die Lehrlinge in der Druckerei Bleibuchstaben gießen. Da wird es nichts mit dem Konvertitenunterricht. Ich habe auch eine Freundin, die heißt Jutta. Sie ist viel allein, darum nehme ich sie mit. Wir gehen zu dritt spazieren. Mein Freund sagt: Ich liebe nun Jutta und werde mit ihr gehen. Von da an bin ich ganz allein.

Kinderreim (ist nicht von mir)

Ene mene mule,
wir haben keine Schule!
Warum denn nicht, warum denn nicht?
Der Lehrer hat ein Kind gekriegt!
Wie soll es heißen?
(Namen einsetzen)
… hat ins Bett geschissen,
gerade aufs Paradekissen,
Mutter hat's geseh'n
und du kannst geh'n!

Ich möchte nach Stuttgart ziehen, weil ich die Stadt schön finde und weil meine Schwester dort wohnt. Ich bewerbe mich in einem Waisenhaus – heutzutage heißt das Kinderheim – und bekomme die Stelle auch. In einer Gruppe werden 30 Jungen von zwei Schwestern, einer Helferin und mir betreut. Die Jungen sind zwischen sechs und vierzehn Jahre alt. In der Früh wecke ich die Jungen. Sie haben unterschiedlich Schulbeginn. Vormittags kann ich mit Einzelnen lesen, rechnen, schreiben und erzählen – das macht Spaß! Sie gehen alle zur Hilfsschule. Später nennt man das Sonderschule – eben weil sie alle aus dem Heim sind. Einige Jungen lehnen mich ab, warum, weiß ich nicht. Später höre ich, dass unsere Helferin ihnen gesagt hat: „Das Fräulein ist nur zum Geldverdienen bei euch!" Es gibt auch Sonntagseltern, Besuchseltern. Die kommen ein paar Mal. Danach warten die Kinder vergeblich Sonntag um Sonntag.

Ich bekomme Fernweh, will in ein anderes Land – in eines, das warm ist und hell. Au-pair ist das Schlüsselwort. Es geht ganz einfach: Ich bekomme eine Stelle in Rom. Dort habe ich ein zehnjähriges Mädchen zu betreuen. Italien ist ganz schön, besonders das Licht und die Kunstschätze und die Gässchen und Plätze und Brunnen von Rom. Johannes XXIII. hält eine Ansprache im Petersdom. Ich verstehe ihn noch nicht, aber er ist der netteste Italiener, den ich kenne. (Zu der Zeit kenne ich Giuseppe noch nicht.) Er spricht so behutsam. Im Petersdom ist es sehr voll. In der Menge ist ein Grabscher. Er grabscht nach mir. Schnell gehe ich raus – ich will nach Hause! Im Bus ist es auch sehr voll. Ich sitze auf einem Seitenbänkchen. Ein Fahrgast beugt sich über mich. Ich schaue mich hilfesuchend um; mehrere haben etwas gemerkt, aber keiner greift ein. Da trete ich den Mann gegen das Schienbein und stoße hervor: „Va via!" – „Va via" bedeutet nämlich: „Hau ab!"

Alles in allem sind die Italiener heißblütig und meistens katholisch. An einem Tag verlaufe ich mich in den Straßen. Ich frage einen Verkehrspolizisten nach dem Weg. Augenblicklich verlässt er sein Podest, ein Rondell, und sagt: „Signorina, accompagnare!" (Fräulein, ich begleite Sie!) Ich sage: „Nix accompagnare!"

Capri ist ein Traum! Ein Traum aus Felsen, weißen Häusern, Blumen und Meer! Die Sonnenauf-, und erst die Sonnenuntergänge! Eine Fähre pendelt immer zwischen Capri und Ischia. An dem Tag, an dem ich sie nehme, sind nur wenige Leute an Deck. Darum kann Giuseppe mich auch küssen. Giuseppe ist der Kapitän. Er stammt aus Sorrento und heißt mit Nachnamen Sartino. Ich glaube, er liebt mich.

Ich bin ja nun Au-pair. Mit dem Mädchen habe ich keine Probleme, aber es hat mit seinen elf Jahren schon zehn Kindermädchen gehabt. Es hat die satt und will seine Mama. Das sage ich der Signora. Sie ist sehr ärgerlich.

Ich fahre nach Deutschland zurück. Auf der Rückreise lerne ich meinen späteren – zukünftigen Ehemann kennen. Er wohnt im Studentenheim, ich in der Jugendherberge. Am Abend fragt er mich, ob ich ihn heiraten will. Ich sage: „Ja!" Wir beschließen aber, noch zwei Jahre zu warten, weil er noch drei Jahre Studium vor sich hat. Meine Eltern haben nichts gegen ihren zukünftigen Schwiegersohn. Er wird ja Lehrer und ist katholisch. Wir heiraten, ich ganz in Weiß mit Schleier. Die Orgel spielt feierlich … Willst du diese Frau als deine Gattin annehmen und sie lieben und ehren, bis dass der Tod euch scheidet? Ja. Ja. Es ist ein schönes Fest! Alle sind freundlich. Nun beginnt ein neues Leben.

Die Pille – gemeint ist hier die Empfängnisverhütungspille – kommt auf den deutschen Markt. Wer die nimmt, wird von der katholischen Kirche vom Empfang der Sakramente ausgeschlossen. Dazu wird eigens die Enzyklika „Humane vitae" vom Papst verfasst und herausgebracht. Da gibt es kein Pardon! Eine Frau, welche die Pille schluckt, gehört nicht mehr dazu. Männer betrifft das nicht. Sie nehmen keine Pille. Sie verhüten anders oder gar nicht!

43

In den 70er- und 80er-Jahren muss der Kunde mehr und mehr alleine machen – die Ware wird billiger, ist aber „do it yourself". Das ist nicht einfach. Die Gebrauchsanleitungen sind meterlang und in vielen Sprachen, auch in Chinesisch und Koreanisch. Das ist nicht einfach. Kundendienst – was ist Kundendienst? Der kostet An- und Abfahrt, jede angefangene halbe Stunde wird berechnet, plus Mehrwertsteuer und gegebenenfalls Wochenendzuschlag. Da probiert man es gerne erst einmal selber – zuerst jedenfalls.

Ein bisschen Mozart. An einem Tag im August habe ich mir viel vorgenommen. Ich habe meinen freien Tag. Firma Feger soll ein neues Gartenhäuschen liefern. Ich hatte es im Katalog ausgesucht. K. hat seinen freien Tag und will es im Garten aufstellen. Um neun Uhr werde ich dann zu Herrn Dose und Herrn Nollmann gehen. Sie sind meine Sparkassenberater. Vor etlichen Jahren habe ich einen Kredit aufgenommen und die Übersicht darüber verloren. Dann, noch am selben Nachmittag, will ich Doktor Rener anrufen. Er ist mein Hausarzt. Ich werde ihn nach dem Ergebnis meiner Blutuntersuchung fragen. Am Nachmittag wird Frau Müter, meine Putzhilfe, kommen. Ich gönne sie mir gelegentlich, wenn der Haushalt zu verwahrlosen droht. Am Abend steht dann ein gemütlicher Fernsehabend auf dem Programm, denn schließlich ist es ja K.s freier Tag. Das Gartenhäuschen wird auch richtig schon sehr früh am Morgen geliefert. Es befindet sich in einem riesigen Karton. K. schleppt ihn in den Garten. Er breitet die Teile auf dem Gras aus – Rasen kann man nicht mehr dazu sagen. Es ist ein Schock! Es sind sicher 300 Blechteile und 900 Schrauben! Und die Bleche sind ganz dünn! K. sieht schon ganz verzweifelt aus, und ich schwöre, nie wieder etwas aus dem Katalog zu bestellen, was so viel Arbeit macht. Da kommt mir die rettende Idee! Ich sage zu K.: „Sie haben bestimmt ein falsches Modell geschickt. Hier bei diesem ist die Tür an der Querwand." In dem Katalog war sie doch an der Längswand, weshalb das Häuschen im Katalog auch viel größer aussah. Entschlossen sage ich zu K.: „Pack doch einfach alles wieder in den Karton, dann kann dein freier Tag beginnen. Ich rufe derweil die Firma an und reklamiere." K. tut es und ich tu es auch und sage zu dem Abteilungsleiter am Telefon: „Sie haben mir leider ein falsches Modell geschickt, sie können die Hütte wieder abholen." Er ist beleidigt, dass ich das Gartenhäuschen Hütte nenne. „Alle Kunden sind damit zufrieden, und es ist kein falsches Modell geliefert worden. Schauen Sie doch mal ganz genau im Katalog nach, da ist die Tür an der Querwand! Und bei der gelieferten ist sie auch an der

Querwand!" Ich antworte: „Ich kann nicht mehr vergleichen, ich habe den Katalog vorige Woche weggeworfen." Der Abteilungsleiter sagt: „Wenn ihr Mann nichts dagegen hat, dann komme ich nach Feierabend vorbei und helfe beim Aufbauen." Schnell entgegne ich: „Wir versuchen's noch mal. Wir werden's schon schaffen! Jetzt wissen wir ja, dass die Tür an der Querwand ist." Dann tragen K. und ich den Karton mit den 300 Blechen und 900 Schrauben an den Giebel und lassen das Ganze erst einmal dort liegen. Nun wird es höchste Zeit, zur Bank zu gehen! Ich finde es so merkwürdig: Jeden Monat zahle ich meinen Kredit ab, und immer noch muss ich weiterzahlen. Unglücklicherweise habe ich den Kreditvertrag verlegt oder verloren oder weggeworfen – wie so vieles im Leben unauffindbar, und ich weiß nicht mehr, wie hoch der Kredit war und wie viel ich schon abbezahlt habe und wie lange ich noch abzahlen muss; wie soll ich mir das auch bloß alles merken? Weil ich ja auch noch einkaufen will, nehme ich drei Taschen mit. In der Vorhalle der Bank bemerke ich, dass ich nur zwei Taschen in der Hand halte. Ich suche die dritte. Eine Frau bemerkt das und fragt, ob ich denn etwas verloren hätte. Ich sage: „Ja, ich hatte drei Taschen!" Und sie sagt: „Eine haben Sie ja noch über der Schulter." Ich bin etwas bestürzt, weil mir das nicht selber aufgefallen war. Ich bedanke mich bei der Frau und gehe in den Schalter-raum. Dort setze ich mich auf einen Stuhl vor einem Schreibtisch. Herr Dose kommt und setzt sich hinter den Schreibtisch und fragt: „Kann ich Ihnen helfen?" Ich antworte: „Ja", während ich damit beschäftigt bin, das Muster auf seiner Krawatte zu ergründen. „Ich habe hier vor Jahren", beginne ich, „einen … einen …" Wie heißt das doch bloß? Durch den Kopf schießt mir Bürgschaft und Schuldschein, aber das ist es doch nicht! Krampfhaft überlege ich, während meine Augen sich an seiner Krawatte festbeißen. Die Pause, die ich mache, ist schon viel zu lang – sie hat schon fast Ewigkeitscharakter, also für einen normalen Menschen viel zu lang. Da fällt mir das erlösende Wort wieder ein, und ich fange noch mal von vorne an: „Also, ich hatte hier einen Kredit aufgenommen. Jetzt habe ich die Unterlagen verloren und ich weiß nicht, wie viel ich noch zurückzah-len muss." – „Welche Unterlagen", fragt Herr Dose. „Meinen Sie den Kreditvertrag?" – „Ja, ja, genau den", antworte ich eifrig und denke: Mein Gott, er muss mich für verrückt halten. Und das Muster seiner Krawatte beginnt zu tanzen. Ist ja eigentlich gewagt, denke ich. Eine rot gemusterte Krawatte bei einem Bankangestellten. Und ich fahre fort: „Ich hatte ja schon mit Herrn …Wie hieß der denn noch? Also … mit dem ich den

Kreditvertrag abgeschlossen habe, ich hatte schon mit Herrn ..." Nun zeige ich auf den Schreibtisch nebenan, an dem der doch sonst immer saß – nur heute sitzt er nicht dort ... „Mit Herrn Nollmann", hilft Herr Dose mir weiter. „Ja, ja, mit Herrn Nollmann telefoniert und gebeten, dass er mir eine Fotokopie macht, aber Herr Nollmann meinte, ich solle lieber noch mal suchen. Oder ist das noch nicht bis zu Ihnen vorgedrungen?" – „Nein", sagt Herr Dose ernst, „davon habe ich noch nichts gehört." Jetzt ist alles zu spät! Das ist ein derzeitiger Modeausdruck, denke ich, und will am liebsten weglaufen. Aber ich kann nicht mehr weg. Ich habe etwas angeleiert und darf nicht flüchten, denn dann wird alles noch schlimmer. Bekannt bin ich ohnehin schon bei den Bankbeamten, denn ich hatte mich geweigert, meine Daten bei der Schufa speichern zu lassen. Daraufhin hatte Herr Nollmann meine Scheckkarte sperren und den Kredit kündigen wollen, und nur meinem Protest war es zu verdanken, dass das nicht geschah. Das Ergebnis der ganzen Geschichte war, dass Herr Nollmann mir sagte, ich hätte alles falsch verstanden, meine Daten würden nicht bei der Schufa gespeichert, schließlich lebten wir ja in einem freien Land. Es werde lediglich bei der Schufa gespeichert, dass ich mich geweigert hätte, meine Daten bei der Schufa speichern zu lassen. Da bin ich aber erleichtert. Vor allem auch, dass die Demokratie wieder einmal ihre Bewährungsprobe bestanden hat, und dass Herr Nollmann das auch so sieht. Als Test habe ich dann die Schufa um eine Auskunft über mich bitten wollen, aber das war mit einer Gebühr verbunden, und darum habe ich es gelassen. Während ich dieses alles rückblickend betrachte, höre ich Heini Dose sagen: „Das haben wir gleich." Er tippt ein paar Zahlen in den Computer, nennt mir dann die Höhe des Kredits, die Laufzeit sowie Zins und Tilgung. Ich bin erstaunt, dass ich noch fast nichts abbezahlt habe, obwohl bei mir jeden Monat eine größere Summe abgebucht wird. Das verstehe ich einfach nicht, das ist nicht normal. Er nennt Summen, ich kann die wohl hören, aber ich kann sie nicht denken. Die Summen fallen in Ziffern aus seinem Mund. Sie purzeln auf den Schreibtisch, dann auf den Boden. Es ist schon ein riesiger Haufen, viele Nullen kommen darin vor und auch Kommas. Sie steigen immer höher und reichen dem Herrn Dose schon bis an die Brust. Damit er nicht unter den Zahlen begraben wird, greife ich ein. Ich muss schnell handeln, schreibe sie schnell auf ein Stück Papier. Da sind sie nun gezähmt und gebündelt, wirbeln nicht mehr herum und können demzufolge den Herrn Dose nicht mehr ersticken – da hat er aber Glück gehabt! Der normale Mensch hat eine

Schaltzentrale im Gehirn, die ist das Depot für Zahlen. Dort kann er sie einspeichern, deponieren und wieder abrufen. Bei einigen Menschen fehlt diese Anlage. Sie haben keine oder haben sie nicht entwickelt. Für diese Kategorie Mensch existieren nur drei Größenordnungen: Eins, zwei und viele. Damit kamen die australischen Aborigines gut durchs Leben …

… kamen …

… kamen.

Hier muss ich weg und verabschiede mich. Nun kaufe ich doch nicht mehr ein und nehme meine drei Taschen wieder leer mit nach Hause. Inzwischen ist die Post gekommen. Im Flur liegen zwei Bewerbungsschreiben, die meine Tochter vor einer Woche abgeschickt hat, und die nun zurückgekommen sind. Es gibt mir einen Stich – nun muss das arme Kind das auch noch verkraften. Hunderttausende Jugendliche müssen das. Acht Bewerbungen sind schon zurückgekommen, zwanzig sind noch unterwegs.

Um fünf vor elf rufe ich Doktor Rener an wegen des Ergebnisses meiner Blutuntersuchung. Die Sprechstundenhilfe sagt mir, in meinem Blut sei ein Hepatitis-A-Virus gefunden worden, ich solle am Montag in die Sprechstunde kommen. Hepatitis A, Hepatitis A … dreht es in meinem Kopf… komisch, ich bin doch gar nicht gelb … und fühle mich nicht krank, nur etwas überfordert. Bevor K. sage, was ich gehört habe, schaue ich schnell im medizinischen Wörterbuch nach. Da lese ich, dass es in seltenen Fällen auch Formen ohne sichtbare Krankheitserscheinungen gibt. Das kommt mir gelegen, ich habe sowieso keine Zeit, krank zu sein. Dann gehe ich zu K. und teile ihm die Diagnose mit. Er wird grau im Gesicht. Innerlich jubele ich: Jetzt macht er sich aber Sorgen um mich!, denke ich und sage: „Du machst dir wohl Sorgen um mich!" Er antwortet: „Nicht nur um dich, auch um mich, denn wenn du es hast, müsste ich es theoretisch auch haben!" Da lege ich meinen Hepatitis-A-Virus in ein Glas – natürlich nur mental – und kümmere mich um den seinen. Er bekommt Kopfschmerzen und legt sich eine Wärmflasche auf den Kopf. Ich sage: „Am besten lässt du dein Blut auch untersuchen. Dann hast du Klarheit!" Er guckt mich vorwurfsvoll an. Dann denke ich: Wie zerbrechlich doch unser aller Leben ist, man weiß ja nie, wie lange man noch … Ich frage: „Willst du auch ein Virchen?" – „Ein was?", fragt er zurück. „Ein Hepatitis-A-Virchen! … Falls du noch keines hast." Und er meint: „Jetzt ist es doch auch egal!" Dann kommt meine Tochter von der Schule zurück und wirft die beiden zurückgekommenen Bewerbungsschreiben in den Mülleimer, und ich merke, dass sie auf einen Anruf von ihrem derzeitigen Freund wartet – er wollte den Motor von ihrem alten VW auswechseln – und der nicht anruft … Wie immer, der Andreas! Da klingelt Frau Müter, meine Putzhilfe. Es geht ihr nicht so gut. Ihre Schwester und ihr Mann waren zu Besuch bei ihr. Es habe eine Auseinandersetzung zwischen ihnen gegeben. Schon sehe ich den Kampf vor mir. Der Spiegel in ihrem Schlafzimmer zerbirst, ich höre das Klirren. Und dann sagt Frau Müter: „Ich habe sowieso keine Lust mehr, am besten, ich nehme einen Strick!“ Ganz erschrocken nehme ich sie schnell in den Arm. „Das ist bestimmt nicht das Beste“, stottere ich. „Sie müssen sich erst einmal richtig erholen und sich was Gutes gönnen! Putzen Sie heute nur das, wozu Sie Lust haben, das andere lassen Sie einfach liegen, das mache ich später schon.“ Da habe ich den Eindruck, dass es ihr besser geht, denn von dem Strick ist keine Rede mehr. Nach drei Stunden bringe ich sie noch zur Bushaltestelle, winke ihr zu, als der Bus abfährt.

Ich mache Abendessen, diesmal so richtig mit Kochen. Meine Tochter sagt: „Oh, lecker!“ Sie lädt sich den Teller voll und verschwindet damit in ihrem Zimmer. Nach dem Essen guckt K. Krimi – schließlich ist dies doch sein freier Tag! Er fragt, ob ich nicht mitgucken will. Ich sage: „Danke, ich hatte heute schon genug Krimi!“ Dann höre ich noch ein bisschen Mozart und gehe früh schlafen.

Zu der Zeit tragen die Frauen lange Röcke und schminken sich nicht, die Männer tragen lange Haare. Bei denen, die noch zu Hause wohnen, soll es schon körperliche Attacken gegeben haben von verzweifelten Vätern, die ihre Söhne zum Friseur prügeln wollten. Also, die Männer wohnen noch zu Hause – oder sie besetzen Häuser oder sie leben in wilder Ehe zusammen in Kommunen. Wenn sie verheiratet sind, lassen sie sich scheiden. Dasselbe gilt für die Frauen. Wählen tun sie rot – am liebsten noch röter, aber das geht nicht. Die Partei gibt es im Westen nicht. Sie gründen Marx-und-Engels-Gruppen, singen: „Die Internationale erkämpft das Menschenrecht“, hören Neil Diamond und Franz Josef Degenhardt. Wenn sie rauchen, rauchen sie Rote Hand oder Pfeife. Sie tragen Parkas. Manche studieren BWL oder Sozialarbeit, das sind die leichtesten Studiengänge, um dann später den Staat von innen aushöhlen zu können. Einer schafft es „weit“: Vor dem Bundestag sagt er: „Mit Verlaub, Herr Präsident, Sie sind ein …“ Er vollendet den Satz sogar! … Was ich hier nicht tue. Das geht doch nun wirklich zu weit! Respekt gehört sich auch im Parlament! Selbst gegenüber Klassenfeinden! … Mit Verlaub, einige von den Politikern gehen später. Sie machen dann was ganz anderes, wenn's in der Politik nicht so läuft, wie sie sich das vorgestellt haben. Dann haben sie die Faxen dicke. Dann gehen sie eben. Dann lassen sie Volk Volk … Volk sein! Da kennen die gar nix! Da sagen die einfach: „Ich bin dann mal weg …" Und wir, das Volk, müssen uns eine neue Lichtgestalt, einen neuen Hoffnungsträger suchen, einen, der unsere Sorgen verstehtverstehtverstehtver…steht! Der uns in der Entbindungsstation, in der Kinderkrippe, in der Gemeinschaftsschule, auf der Lehrstelle, zu Hause, im Heim, im Hort, im Krankenhaus, in der Anstalt, auf dem Friedhof, in der Sauna, im Knast, am Arbeitsplatz, in der Kneipe, in der Altersresidenz (normale Heime gibt es nicht mehr!), auf dem Bahnhof, im Urlaub, im Erholungsheim, auch im Tierheim, ja, sogar in der Kirche besuchtbesuchtbesu…besucht! Der uns die Hand schütteltschütteltschüttelt, einen, der tief im Herzen mit uns mitfühltmitfühltmitfühltmitunsmitfühlt … und das nicht nur vor der Wahl! Und das auch ohne Pressepressepresse! Das ist gar nicht so einfach! … Also, wenn man so wählerisch ist. Als Volk.

Zu der Zeit baden die Frauen und Männer gern nackt. Und das nicht nur in der jetzt ehemaligen DDR. Heutzutage ziehen sich die meisten Bader und Baderinnen lieber ein klein wenig an. Das ist dann ein Dreieck aus Stoff, oder ein Tanga. Der hat nicht mal mehr Stoff hinten! Nur noch ein Band, das hält dann alles zusammen. Männer und Frauen fühlen sich so attraktiver als einfach bloß nackt.

Urlaub ist auch mal schön, muss auch mal sein. Horizonte erweitern. Die Stadt mit dem Namen der Engel. Das Flugzeug schwebt herab … Der Flughafen ist hektisch! Niemand weiß alles … und nichts. Alle wissen nichts … und alles. Luggage – block 9 reservations – Draußen ohrenbetäubender Lärm. Autos auf sechs Spuren. Der Zubringerbus in die Stadt … In einer Straßenschlucht: echte Palmen! Echte aus Natur! Im Hotel die Frage: Are you single? Woher soll ich das denn wissen??? Der Hotelboy von 60 Jahren bringt mich aufs Zimmer – wievielter Stock habe ich vergessen –, knipst Licht, Klimaanlage, Fernseher an. Ich schaue aus dem Fenster. Tief unten auf der Rasenfläche steht ein Mann, stößt irre Laute aus, schlägt sich ins Gesicht – wieder und wieder. Im Nachtschrank die Holy Bible. Der Fernseher hat zwölf Programme, und wir haben erst 1981. 12 mal 24 Stunden Happiness und Gewalt – und Reklame für Salatmayonnaise und Orange Juice. Der President himself im Fernsehen; die Sozialabgaben werden gekürzt. Lächelnd sagt er zu den Menschen: „Es ist nicht gut, vom Staate abhängig zu sein." Ach so!

Viele muslimische Frauen verschleiern sich – kopftuchmäßig und auch den Körper –, damit sie den Männern nicht so begehrlich erscheinen. Ich kann sie verstehen! Als ich in Ägypten bin, tu ich das auch – anstandshalber.

Einmal reise ich in das Land unserer türkischen Mitbürger und Mitbürgerinnen. Man soll jetzt immer beide Geschlechter erwähnen, wegen der Gleichberechtigung, damit sich kein Mann, damit sich keine einzige Frau benachteiligt fühlen muss. Kurz gesagt: Ich fahre in die Türkei. Küstenstraße, Felsen rechts, Felsen links fallen ab, 20 Meter ins Meer. Hinten im Bus Beklemmung (aber nur bei mir …) – Augen schließen, Reiseengel bitten, mitzufliegen, Busfahrerengel bitten, Busfahrer zu warnen, Reiseengel beschwören, Busfahrerengel beschwören. Räder rappeln, Bus schlingert, fährt rechts ran, kommt zum Stehen. Alle aussteigen! Augen öffnen. Rad hat vier Muttern verloren! Muttern halten normalerweise alles zusammen. Busfahrer sucht auf Küstenstraße, findet sie in 300 Meter Entfernung. Könnte Sabotage sein vom Konkurrenzunternehmen, aber das darf man nicht denken – oder weil manche keine Touristen mögen. Aber das will ich nicht denken. Wie auch immer: Dank an den Reiseengel! Dank an den Busfahrerengel! Und den Chauffeur! Abends in der Hotelbar: Haben wir nicht unglaubliches Glück gehabt? Wieso Glück? Glück? Wieso? Es ist doch nichts passiert! Eben!

Einmal reise ich auf den „schwarzen Kontinenten". – Wieso schwarz? – Vom Hotel aus zum Markt bunt und lebendig! Laut und duftend! Unter einer Brücke – die Brücke ein schwebender Traum, spannt sich über den Fluss; keine Autos, kaum Fußgänger. Ein Mann folgt mir – einer vom Markt, ein Händler. Überholt mich, stellt sich vor mich, versperrt mir den Weg, gestikuliert wild, macht mir klar, dass ich umkehren soll – umkehren muss! Also kehre ich um. Zurück im Hotel: Reiseführer gelesen, Warnung bezüglich dieser Brücke – überqueren Sie den Fluss nicht auf dieser Brücke! Häufig warten am anderen Ende Straßenräuber auf die Touristen! … Danke, Bruder.

Zwischendurch bin ich mal weg. Auslandserfahrung. Zehn kurze, lange Jahre lang. Einfach mal was anderes! … Einfach mal was anders. Obwohl es doch überall irgendwie dasselbe ist. Außer vielleicht in der Wüste oder im tropischen Regenwald: Einkaufen, essen, arbeiten, spazieren gehen, und dazwischen passiert nicht sehr viel, aber das muss man nicht alles erzählen. Ich bin wie ein Vogel – ich bin ein Vogel! Ein Vogel, der weit fliegt, ein Vogel, der hoch fliegt! Den Blick nach vorn gerichtet – Himmel und Horizont –, den Blick nach unten gerichtet – grün, gelb, braun, rot, blau –, ich höre mein Flügelrauschen und bin glücklich. Mal fliege ich allein, mal im Schwarm. Meine Flügel kann man nicht sehen – ich habe nämlich keine. Zwischenzeitlich nehme ich das Flugzeug … nein, das tue ich nicht mehr. Nicht mehr, wegen dem Kerosin. Ich nehme den Bus oder die Bahn.

Fast habe ich meinen Wunsch, doch noch dazuzugehören, begraben. Da kommt er noch einmal wieder hoch. Ich denke, vielleicht sehen sie das hier nicht so eng … hier im Ausland. Ich suche Pater Charles auf in der Klosterkirche. Er holt Kaffee für mich in der Klosterküche und sagt: „Es tut mir sehr leid, Rom erlaubt keinen Sakramentempfang bei Geschiedenen und dann Wiederverheirateten. Ich bedaure das sehr. Leider darf ich Ihnen nichts anderes sagen – wegen Rom." Draußen stürmt es. Pater Charles sagt: „Bleiben Sie noch etwas hier. Draußen ist Unwetter, hier haben Sie Schutz." Ich antworte: „Danke, es geht schon", und verabschiede mich. So einen Pater wie Pater Charles vergisst man nie – niemals, auch nicht in Ewigkeit. Später höre ich, dass Pater Charles Zungenkrebs bekommen hat. Das tut mir so leid … das tut mir so leid.

Und dann kommt der 11. September! Ich stehe an meinem kleinen Fernseher und sehe die Türme einstürzen und denke: Nun machen sie auch schon solche Animationen, das ist doch abscheulich!, und will den

Apparat abstellen, und dann merke ich: Das ist echt, furchtbar echt! Und ich schaue drei Tage und drei Nächte, um zu begreifen – und ich begreife nicht!

In meinem Haus verstehen sich die Leute nicht mehr gut. Sie haben Streit, und draußen auf dem Bürgersteig finde ich am Morgen eine Blutlache. Und meine Zugstrecke nach Hause wird laufend bedroht – Bomben im Zug und Nägel auf den Gleisen. Die Stimmung wirkt zunehmend gereizt. Aber ich brauche doch einen Platz, an dem ich bleiben kann und wo mir keiner was tut! Und so kehre ich zurück in meine alte Stadt, die nun viel schöner ist als noch vor zehn Jahren – und die Leute sind auch nett! Netter noch als vor zehn Jahren … oder meine ich das nur? Ach egal, ich komme zurück; komme zurück und bleibe nun hier!

Nun ein paar Texte aus der Region. – „Regional" und „saisonal" sind momentan wichtige Bezeichnungen. Sie werden häufig verwendet, auch „funktional" … „kolossal" … „proportional"? Lokal ist fast dasselbe wie regional – lokal kann regional sein, muss es aber nicht. Das kommt darauf an. Worauf, das entzieht sich meiner Kenntnis. Und jetzt frage ich mich – ich frage auch dich! –, ob ich mich hier verzettele, ob das Ganze noch Sinn macht, was ich hier schreibe, einen übergeordneten Sinn. Ich meine damit, ob es der Welt einen Nutzen bringt. Denn alles, was wir reden und denken und tun, möchte doch Sinn haben, Sinn machen, möchte doch wenigstens der Evolution dienlich sein. …

Wo war ich denn nun stehengeblieben? Ach ja, der höhere Sinn! Hinter allem, bei allem! Wir müssen uns andererseits auch mal entspannen, erholen, Atem schöpfen bei aller Sinnerfüllung, ein bisschen Dada, ein bisschen Nonsens, das bedeutet ja nicht: ohne Sinn! Etwas Nonsens tut da schon gut, das wird sonst alles zu anstrengend. Nonsens kann die Gehirnwellen verlangsamen, während arg Zielgerichtetes verspannt. Zielgerichtetes kann ausarten in Fanatismus! Also: Lieber locker bleiben, locker in Sens und Nonsens. Jetzt mach' ich mal weiter, verflixt, fluchen will ich ja nicht. Der Drucker tut's nicht! Also, bis später, in der Region!

Aschermittwoch, gestern noch hast du mich in den Arm genommen, zehnmal geküsst mit „Alaaf" und „Helau", wir haben unzählige Bonbons gefangen und eintausend Blumensträußchen. Ich war dein Liebchen! Und heute kennst du mich nicht mehr – bis zum nächsten Rosenmontag!

Da modern sie vor sich hin, die Heiligen Drei Könige. Warum tut man euch nicht einfach begraben in gesegneter Erde, damit eure Knochen endlich Frieden finden und euer goldener Schrein nicht mehr begafft wird mit einer Mischung aus Ehrfurcht und Grusel? Jeder Mensch hat das Recht auf eine anständige Beerdigung – und das zeitnah, und das nachhaltig und ökologisch einwandfrei. Staub zu Staub, Erde zu Erde, so sagt ihr doch selber – ihr Katholiken – in eurem Begräbnisritus! Aber möglicherweise ist so ein goldener Schrein ja auch ein Tourismusfaktor, ein Magnet für Leute, die Glanz in Verbindung mit Grusel lieben. Und Maria im Rosengarten lächelt milde vom Seitenaltar …

Kardinal möchte nicht heiraten, er hat schon genug Ärger am Hals! Und woandershin möchte er den auch nicht kommen lassen, den Ärger. Außerdem kennt er kaum eine Frau – nur Mutter und Haushälterin. Und selbst die versteht er nicht richtig. Kardinal hält's mit dem Zölibat. Der Hindu dagegen darf erst dann sein Priesteramt ausüben, wenn er geheiratet hat. Da kann man mal sehen, die Unterschiede. Und Maria im Rosengarten lächelt milde vom Seitenaltar ... falls ihr das Lächeln noch nicht vergangen ist.

Laudatio für Vater! Ich bin beim Psychiater. Reaktive Depression soll ich haben, oder so was in der Art ... Da sitzt der Psychiater, gramgebeugt, schicksalsgeschlagen, mit dem aufgeklappten Schreibblock in der Hand, und macht Anamnese – Anamnese mit mir. „Wie war denn Ihr Vater", fragt er interessiert. Ich antworte: „Sehr pflichtbewusst. Er hat gesorgt für die Familie, und die Schulkinder haben viel bei ihm gelernt." Der Psychiater gibt sich damit nicht zufrieden. Er will mehr hören, mehr und anderes: Übles, Abscheuliches, Unerhörtes, Grausames ... Den Gefallen tu ich ihm nicht! Standhaft wiederhole ich immer wieder: „Mein Vater war ein hochanständiger Mann! Sehr fleißig, und er hat sein Bestes getan!" Der Psychiater klappt seinen Block zu. Ich aber fühle mich glücklich, glücklich und befreit. Vergangenheit ade! Heute habe ich Geschichte geschrieben! Meine Laudatio für Vater. Nun kann ich in Frieden meiner eigenen Wege gehen! Übrigens: Ich finde nicht, dass ich depressiv bin, jedenfalls nicht so schwer wie mein Psychiater. Ich glaube, es tut ihm weh, wenn ich Scherze mache und dann selber darüber lache. Dann entblößt er zwar kurz seine Zähne, macht aber ein schmerzvolles Gesicht dabei. Sicher denkt er: Das ist ihr Widerstand, ihre Verdrängung. Na wenn schon! Ich habe aber doch eine Störung, das gebe ich ehrlich zu. Ich zähle nämlich immer die Ziffern von den Autonummernschildern, also von den Kennzeichen, zusammen. Das muss ich machen, das ist ein Zwang. Dann freue ich mich, wenn eine schöne Quersumme dabei herauskommt. Eine, die mir gefällt, aber die verrate ich hier nicht, die ist geheim. Zurzeit habe ich eine hohe Trefferquote, allerdings, wenn keine schöne Quersumme herauskommt, so lehne ich diese nicht ab. Ich verurteile sie nicht. Wir möchten ja auch nicht ungeliebt, nicht ausgesondert sein. So geht das auch den Quersummen! Alle haben ihre Berechtigung, ihren eigenen Wert. Quersummen ermitteln ist doch keine Störung, keine Erkrankung, es ist nicht depressiv, nicht schizophren, nicht gefährlich. Es ist lediglich ein kleiner, unterhaltsamer Zwang, wenn man bedenkt, was alles passiert ist in den vergangenen 70er-

Jahren. Das hätte schlimmer ausgehen können! Psychomäßig meine ich. Ich könnte ja auch eine Gefahr sein für mich und/oder andere, nach allem, was passiert ist, und in der Zukunft noch passieren wird. Glücklicherweise sind wir keine Hellseher. Das fehlte noch ... Das fehlte gerade noch.

Schreibe an meine Krankenkasse: Meine Depression ist vorbei. Ich brauche keine weiteren Termine, und sie muss nichts mehr zahlen. Ich wünsche meinem Psychiater, dass es ihm bald besser geht und auch er die erfreulichen Seiten des Lebens für sich entdeckt – aber das sage ich und schreibe es nicht. Das behalte ich still für mich. Über das Anamnesegespräch sind wir ja nun nicht hinausgekommen ... Es sollte ja darin über die Vater-Tochter-Beziehung gehen, wie immer bei den Freudianern. Die kennen nix anderes! Ödipus hin, Eurydike her, einmal muss auch gut sein. Oder soll ich mit 79 meinem Vater – er wäre jetzt 114 Jahre alt – und meiner Mutter – sie wäre erst 106 Jahre alt, wenn sie noch irdisch lebte – immer noch vorhalten, dass ... Einmal greift doch auch Verjährung! Einmal muss ja auch gut sein – jetzt muss auch gut sein!

Normalerweise stelle ich mein Telefon um 21 Uhr ab. An diesem Tag lasse ich es länger an – glücklicherweise und aus Versehen. Um 22 Uhr 30 klingelt es. Meine Schwester ist dran, sie sagt, sie hat keine Kraft mehr zum Leben. Sie hat Tabletten gesammelt und will sie nun nehmen. Ich befehle ihr, dass sie die unverzüglich ins Klo wirft. Sie gehorcht. Dann muss sie mir versprechen, dass sie mich von nun an jeden Abend um 19 Uhr anruft und Bericht erstattet, wie es ihr an dem Tage ergangen ist. Sie verspricht das. Nach knapp zwei Wochen sagt sie mir, das sei nun nicht mehr nötig, sie habe sich entschieden, ihr Leben anständig zu Ende zu bringen. Das tut sie. Schon lange hat sie Asthma. Zuerst raucht sie eine Zigarette, dann setzt sie sich an ihr Inhaliergerät, danach raucht sie wieder ... und so fort. Ich sage nichts mehr dazu. Ihre größte Angst ist es, während eines Asthmaanfalles zu ersticken. Ihr Arzt nimmt ihr die Angst. Er sagt: Ihr Herz wird schwach werden und einfach aufhören zu schlagen. Sie werden nicht ersticken, Sie werden einschlafen. So geschieht es. Ich bin die letzte Person, mit der sie telefoniert, bevor sie ins Koma fällt und ins Krankenhaus transportiert wird. Sie erzählt etwas von sich und fragt dann nach meinem Befinden. Alles ist gut. Das letzte Telefonat sollte immer gut sein.

Medizinische Apparate – bleiben oder gehen? Unentschieden! Koma ... Wer oder was kann dich erlösen? Wer oder was kann mich ...

Danach höre und sehe ich nichts mehr von ihr. Meine Schwester glaubt fest daran, dass es „danach" noch etwas gibt, dass „danach" noch etwas kommt. Aber Leuten erscheinen und mit denen reden, das ist nicht ihr Ding, davon hält sie gar nichts. Darum erscheint sie mir auch nicht, logischerweise. Anständig – wie versprochen! – hat sie ihr Leben auf Erden zum Ende gebracht. Fertig ist fertig!

Auf Bürgersteigen finden sich eingelassene kleine Messingplatten, ca. 10 mal 10 Zentimeter groß. Eingraviert sind Namen, Daten und Orte von Konzentrationslagern. Es handelt sich um Juden, die damals – damals halt – hier gelebt haben. Der Erfinder nennt diese Steine „Stolpersteine". Sollen Passanten darüber stolpern und zu Fall kommen? Sollen wir Fußgänger auf Denkmäler treten? Wenn ich mich einer solchen Messingplatte nähere, sehe ich schon mal die Person von damals, deren Name auf dem Stein eingraviert ist. Manchmal auch mehrere Menschen. Dann kann ich die Unsichtbaren fragen: Wie geht es Ihnen? Kann ich etwas tun für Sie? Einige möchten nicht mit mir reden. Sie sagen, ich hätte doch keine Ahnung von ihrem Schicksal – wäre ja auch keine Jüdin. Andere sagen oder zeigen mir etwas über ihren Zustand – über den von damals oder über den von jetzt. Ich höre ihnen zu und sehe alles mit, was sie mir berichten. Andere wieder erscheinen mir nicht. Entweder sind sie schon weg oder haben keinen Bezug zu ihrer Platte gehabt. Keine Beteiligung daran. Sie sind woanders. Besonders nahe gekommen sind mir Herr … und Frau … . Wenn ich an ihren Steinen vorbeikomme – und nicht nur dann, und nicht nur dort! –, unterhalte ich mich lange mit ihnen. Wir werden das so oft und so lange tun, wie sie das wünschen. Wenn sie sich von der Erde lösen, gehen sie zu ihrem Gott – in ihren Himmel. Schalom.

Im Textilsupermarkt nehme ich vier Paar Socken, vier Paar bunte Socken und lege dieselben auf die Kassentheke. Die Verkäuferin berechnet mir nur zwei Paar. Ich mache sie darauf aufmerksam, sie bedankt sich bei mir. Ich möchte ihr den Grund für meine Ehrlichkeit mitteilen. Der ist nämlich Eigennutz und weise Voraussicht. Also schaue ich sie an und sage zu ihr: „Ich glaube nämlich an Reinkarnation, und wegen zwei Paar Socken will ich doch nicht extra wiederkommen!" Sie antwortet: „Glaube, bekomme Montag neue! Dies dann letzte Socken gewesen sein!" Aus Versehen antworte auch ich in gebrochenem Deutsch: „Nein, nicht letzte Socken gewesen! Waren noch andere! Aber größeres Größe!"

Biste tot? Nee, nicht wirklich! Biste lebendig? Nee, auch nicht wirklich! Wäre auch nicht schlimm, ich komme Montag sowieso wieder!

Wir werden, ohne es zu merken, vorbereitet auf die neue, die neue Welt! Und dann – dann, dann kommt die neue, die ganz, ganz neue Zeit!

Was haben wir denn vom nächsten Jahrtausend zu erwarten? Da sagen Sie was! Da fragen Sie was! Da sind Antworten, mehr, als Ihnen lieb sind! Total! Real! Global! Genial! Medial! Katastrophal! Fatal! Suppenküche! Oral! Astral! Bodybuilding! Liebestechnisch! Society! VIP! Coffee to

go! Galaxie! Megakampf. Wunderwaffe! GAU! Rettungsschirm! Einbau-
küche! Schrebergarten! Vision! Kochrezepte! 110! 112! Zeitfenster! Mana-
gement! Promi! Superstar!
  Frische Milliarden! Gewalttätige Massenstreiks! Fonds! Radikalkur!
Poker! DAX! Militärische Splittergruppe! Alibi! Barmherzigkeit! Ultimati-
ve Gelegenheit! Zeremonie! Süßigkeiten! Chips! Weltgrößte Auswahl!
Naturwunder! Tierfilme! Fans! Sandmännchen! Unsere Brüder und
Schwestern! GAU (hatten wir schon)! Irreversibel! K. o.! Versicherung!
Endlager! Haalloo …?
  Aber das ist doch nicht das nächste Jahrtausend, das haben wir doch
schon alles! Stimmt. Was bleibt unterm Strich?

Unterm Strich … Wir wissen's nicht!
Die smarten Nachrichtensprecher, frisch geschminkt, frisch geföhnt
aus der Maske kommend, verkünden Wichtiges, dies und das, und anschließend die Börsenkurse – ganz locker, ganz souverän. Und morgen
verkünden sie wieder dasselbe, aber meistens schon wieder etwas anderes
– genauso locker, genauso souverän. Und nun zum Wetter! Wer? Wo?
Was? Wie? Warum? Vielen Dank, und damit zurück ins Studio!
  Viel Politik ergibt viele Parteien, wer weiß, was die noch alles im
Schilde führen? Heute geraten, morgen verbraten! Merkt ihr denn gar
nichts? Ihr schönen, unverschuldeten Wähler! Viele Fragen, wenig Antwort, viel Begehren und keine Erfüllung. Und wir Endverbraucher – entschlossen oder unentschlossen gehen wir zur Wahl! Aber wir finden keine
Partei auf dem Schein, die uns wirklich vertritt … Partei bedeutet, Teil
von irgendwas sein. Und so wählen wir, wenn überhaupt, das kleinere
Ubel. Und selbiges ist noch groß genug. Oder wir gehen entschlossen
nicht zur Wahl. Denn was sollten wir auch wählen? Zwischen was und
was, zwischen dies und das … Im Endeffekt zwischen Wenn und Aber.
Und dann war da noch der Rettungsschirm! … Der Rettungsschirm für
die Erde mit … Milliarden (der geneigte Leser möge bitte die Ziffer selbst
einsetzen). Wie viele Nullen hat eigentlich eine Milliarde? Weiß auch nicht
jeder! Ich jedenfalls nicht. Und die Affen auf dem Affenfelsen im Zoo
kreischen um jede zugeworfene Rübe.

Globus bitte selber ausfüllen

Warum drängeln Sie so? Wir haben die ganze Ewigkeit doch noch vor uns!

Zu der Zeit darf man machen, was man will. Und noch viel mehr! Dafür gibt es dann neue Gesetze. Aber die meisten Leute sagen immer noch: Danke, bitte, Entschuldigung … Und ich versuche das auch. Aber leicht ist das nicht. Zu der Zeit darf Mann Mann und Frau Frau heiraten und Kinder kriegen … Sie wissen, was ich meine. Und zum Glück gibt es viele Garantien, aber auch da blickt man bald nicht mehr durch. Denn ehe man sich's versieht, hat die Versicherung einen verkauft und man gehört einem neuen Besitzer und weiß es nicht einmal. Wenn man nicht online ist, ist man eh verloren, denn was geht heute noch offline? Aber wehe, wenn man aus Versehen die falsche Taste drückt – dann wird es teuer, sehr teuer! Denn das ist ein Vertrag, auch wenn man gar nichts davon gemerkt hat! Und die ganze – ich will mal sagen: die halbe Gemütlichkeit ist dahin. Man muss aufpassen, aufpassen, aufpassen! Up to date sein! … Und eben online. Aber die meisten Leute sagen immer noch: Danke, bitte, Entschuldigung … Und ich versuche das auch. Aber leicht ist das nicht. Und irgendwann weiß man nicht mehr, ob der andere das ernst meint, ob man selber das ernst meint – und das ist das Schlimmste! Aber die Politiker helfen, wo es nur geht, mit neuen Gesetzen und Verordnungen zum Schutze der Bürger. Die Ärzte sowieso – die haben sogar einen Eid geleistet!

Und bald ist auch Präimplantationsdiagnostik erlaubt – vielleicht wird die dann sogar vorgeschrieben! Die Ethikkommission und der Familienminister werden schon wissen, was sie tun. Du musst kein Kind mehr bekommen, du musst überhaupt nichts mehr, und eines Tages lässt du dir einen Chip einpflanzen, dann bist du halb Mensch, halb Maschine – will sagen, halb Mensch, halb Gott. Dann bist du den ganzen Ärger los. Elektronisch pflanzt du dich fort und gebierst deine Kinder online. Schmerz, Sehnsucht, Ärger und Angst gehören der Vergangenheit an. Es wird einfach alles besser. Die privilegierten werden Kombis (Mensch/Maschine) und die anderen Klone. Die werden auch gebraucht, als Masse. Die tragen dann alle gelbe Hüte. Aber das tun viele ja jetzt schon. Und wenn du heute noch denkst, das alles wäre gruselig, so ist das nur subjektiv. Denn dann hast du in deinem Gehirn kein Areal mehr für gruselig, keines für grausam, für entsetzlich … Dann kannst du dich gar nicht mehr gruseln, dann bist du voll und ganz cool, und ich weiß nicht, ob dann die Leute noch sagen: Danke, bitte, Entschuldigung ... Ich werde das nicht. Denn: Um was sollte ich bitten? Für was danken? Und mich wofür entschuldigen?

Ich rufe Sie an! Sie gefallen mir sehr! Hand auf Hand ... Mund auf Mund ... Hand an Brust ... Mund auf Brust ... Hand auf – und so weiter ... Bad. Ich muss weg! Ich hab noch was vor! Ich ruf dich mal an – ganz bestimmt!

Ein Kondömchen darf man nun schon mal brauchen laut Rom. Aber nur dann, wenn man sich vorher mit Aids infiziert hat! Ohne Aids kein Kondom. Kein Kondom ohne Aids. Und Maria im Rosengarten lächelt milde vom Seitenaltar. Falls ihr das Lächeln noch nicht vergangen ist.

Seit etlichen Jahren – es begann schleichend – benutzen viele Leute, vor allem die jüngeren, im Verhältnis zu anderen Körperteilen, überproportional häufig ein Wort, im Lateinischen Anus. Das soll ein Schimpfwort sein. Es bedeutet, dass einer nichts taugt. Viele sagen auch ständig: Scheiße! Scheiße bedeutet immer was Schlechtes. Cool bedeutet Anerkennung und Lob. Aber das Geilste ist geil!

Tach!
Tach!
Ey, wie geht's?
Scheiße, und selber?
Auch scheiße. Das is' vielleicht ätzend!
Meine Alte is' abgehauen, die Schlampe!
Nee, ey! Echt wahr? Das is' der Hammer!
Wenn ich bloß wüsste, mit wem. Dem würd' ich eins in die Fresse geben!
Mit mir!
Biste bekloppt, ey? Du findest dich wohl cool!
Nee, echt wahr! Deine Alte ist geil, superscharf!
Komm raus! Dich mach ich fertig! Ich mach dich kaputt! Meine Alte ist nämlich keine Wanderhure!

Weil heutzutage fast jeder ein Handy oder mehrere hat und damit zu jeder Zeit und an fast jedem Ort telefoniert – denn es heißt ja mobil! –, kann man Gespräche mithören und erfährt auf diesem Wege von vielen unterschiedlichen Schicksalen, die einem sonst verborgen blieben. Das Mithören ist interessant und ganz umsonst. Manchmal ist das Gespräch nicht so wichtig: Man sagt nur, wo man ist und ob man gleich kommt, oder ob man bald wieder telefoniert. Aber manchmal ist man auch ganz schön betroffen davon. Ich meine, als der, der das mithört.

Wo bist du gerade – kommst du heute Abend – warum nicht – das ist doch kein Grund – die Kleine wartet doch auf dich – gut, aber sie steht immer am Fenster und hält Ausschau nach dir – Ich brauche auch Geld für das Kind – nein, das Geld vom Amt langt nicht für uns beide – dann musst du eben arbeiten gehen – was kann ich denn dafür, wenn du alles verzockst – und wovon hast du deinen neuen Flachbildschirmfernseher bezahlt – da lachen ja die Hühner … Die jungen Mütter haben doch immer das Nachsehen … Wer wollte denn unbedingt – ich geb' ja zu, ich hatte die Pille vergessen – du hast ja auch was davon gehabt – wenn du das machst, zeig' ich dich an – wenn du das tust, geh' ich zum Jugendamt, und dann darfst du dein Kind nie mehr sehen, dafür sorge ich – verreck doch selber – danke gleichfalls!

Ich hab heut vielleicht Pech gehabt! Ich habe eine Kippe hinter mich geschmissen, aber direkt hinter mir lief das Ordnungsamt. Ich musste 35 Euro bezahlen!

Die meisten Männer ziehen Frauen aus. Sie ziehen sie nicht wieder an. Woher kommt das nur? Wie soll ich das denn wissen? Frag sie doch selber! Die Zeitschrift „Fun" stellt die Frage: Welchen Sex wollen die Frauen denn nun wirklich? Es lohnt sich, da mal drüber nachzudenken. Hier der Versuch einer Antwort: Ich glaube, Frau hat nicht so viel davon, wenn ein Mann ein- oder siebenmal die Woche über sie herrutscht. Ich finde das mager – das ohne davor und danach, und nichts zwischendurch –, mager wie Magerquark. Man hat was gegessen, fühlt sich aber innerlich leer. Wie gesagt, ich halte nicht viel davon, wenn nur das Physische zur Geltung kommt. Da halte ich es ausnahmsweise mit dem Katechismus – wie heißt es noch darin? Woraus besteht der Mensch? Und als richtige Antwort: Der Mensch besteht aus Leib und Seele. Wenn dann noch ein bisschen Geist dazukommt, ein ganz kleines bisschen nur, dann sind wir aus dem Schneider. Das ist so ein Ausdruck für wenn man keine Probleme mehr hat und wenn keine neuen mehr kommen.

Wenn ich in der Bank in der Schlange vor dem Schalter warten muss, vertreibe ich mir gern die Zeit mit dem Lesen von Werbetexten. Da kann man, wenn man Glück hat, so richtig glücklich von werden:

Punkt für Punkt ein Plus für Sie! Sanfter Schub in eine sichere Zukunft! Die Freiheit, das Leben zu genießen! Die Freiheit, spontan zu sein! Weltweite Akzeptanz! Sicherheit rund um den Globus! Keine Anzahlung, keine Kaution, keine Kosten, volle Leistung! Nützlich! Zuversichtlich! Wohneigentum! Hundert Prozent Sicherheit – ein ganzes Leben lang! Das Ergebnis kann sich sehen lassen! Dabei sein ist alles! Sie erhalten bares Geld geschenkt! Wir finden, wonach Sie suchen! Die Deutschen setzen auf Eigenheim! Glanzlichter für ihr Portmonee! Ihre Augen, Ihre Zähne, Ihr Auto – alles braucht von Zeit zu Zeit einen Check! Kämpfen Sie mit uns gegen Leukämie! Planen Sie den längsten Urlaub ihres Lebens – mit uns! Geschäftlich! Unentgeltlich! Wichtigster Punkt beim Geld: die Sicherheit! Mit Sicherheit an alles gedacht! Wünsche erfüllen leicht gemacht! Der Börsen-Herbst ist dieses Jahr besser als sein Ruf! So schön wie Urlaub – Ihr Ruhestand! Götterdämmerung für den US-Dollar! Wünsche zum Mitnehmen!

Halten Sie Abstand!, steht in roten Buchstaben auf schwarzem Schild, dreieinhalb Meter vom Bankschalter entfernt. Von dort rufe ich dem Bankbeamten hinter dem Schalter zu: „Könnten Sie mal eben rüberkommen? Hier steht nämlich: Halten Sie Abstand!" Der Beamte findet das nicht lustig. Ich sage: „Entschuldigung, ich wollte Sie nicht auf die Schippe nehmen." Seine Vergebung steht noch aus.

Und dann, dann, dann kommt das sogenannte Alter! Möchten Sie sitzen? – Ja, ganz gern! – Bitte! – Danke!

Verflixte Kiste! Vater Staat sagt: Der Bürger muss vorsorgen! Vorsorgen auch für den letzten Akt, also die letzte Reise – um es ganz schonungslos zu sagen. Gemeint ist hier der letzte Gang, die letzte Verschaufelung, das ultimative Osterfeuer – und in selteneren Fällen die endgültige Verschiffung beziehungsweise die luftige Verstreuung. Muss ich noch deutlicher, drastischer werden? Ich glaube, Sie haben mich verstanden. Schließlich wollen wir alle entsorgt werden. Und ich, ich als gute Staatsbürgerin, sorge natürlich vor, vor mit einem Vorsorgevertrag. Bestattungsunternehmer bieten selbige an, wasserdicht und feuerfest – so auch mir. Festgelegt werden in einem einfühlsamen Beratungsgespräch alle Details! Trauerfeier wahlweise im Institut oder in der Trauerhalle des Wunschfriedhofes. Redner und Livemusik kosten extra. „Ave Maria" vom

Band ist im Preis enthalten. Ach ja – wichtigsten Posten nicht vergessen: Die Kiste! Ohne Kiste geht gar nichts! Kiste entweder in schlicht Kiefer oder echt Eiche rustikal oder schick in Palisander. Teak darf man heute, glaube ich, nicht mehr verwenden, wegen dem Regenwald. Inzwischen wird auch der Ökosarg angeboten, der zerfällt in null Komma nix in der Erde oder geht innerhalb von Sekunden in Flammen auf. Also: Alles gut bedenken, erwägen, entscheiden, Vorsorgevertrag unterschreiben – was soll's? Augen auf und durch! Wer A sagt, muss auch Z sagen! Sonst sagen das andere für dich. Alles gut geregelt, Hauptsache, ich komme hier reibungslos weg, und niemand muss sein letztes Geld ausgeben für mich. Vater Staat ist auch zufrieden. Denn Sozialbeerdigungen kosten ihn ich weiß nicht wie viel im Jahr, und Sterbegeld ist rar geworden – meistens gestrichen. Man kann so ein ultimatives Event nicht einfach in aller Ruhe auf sich zukommen lassen. Aussitzen geht nicht. Früher oder später – Sie wissen das selber – ist jeder dran. So ein Vorsorgevertrag ist eine prima Sache. Dann muss die Nachwelt nicht lange rätseln: Wie hätte sie's/wie hätte er's denn gerne gewollt? Da weiß man, wo man hinkommt nach dem Exitus, und hat schon alles bezahlt außer den Friedhofsgebühren. Die kommen erst später dazu. Abgedeckt durch den Vertrag ist der Service zwischen dem letzten Atemzug und der geöffneten Friedhofserde, also, um konkret zu sein, die Abholung vom Sterbeort, der Transfer zur betriebseigenen Kühlzelle, die Leichenpflege, Aufbewahrung im Sterbehemd oder -kleid – alternative Naturen wählen auch Kittel, Aufbahrung (Balsamierung entfällt in unseren Breiten), Einladung der Trauergäste (falls es was zu trauern gibt).

Nebenbei habe ich durch diese ganze Prozedur enorm an psychischer Reife gewonnen. Denn sich so detailliert mit dieser Materie (also mit dem Dematerialisieren) auseinanderzusetzen, das muss man erst einmal können! Das muss man erst mal bringen! Man beschäftigt sich so lange damit, bis man sich dran gewöhnt hat und sagt: Jetzt ist es mir egal. Aber das mit einem guten Gefühl, und nicht wie zu Beginn des Prozesses mit Oh-Gott-oh-Gott und Igitt-Igitt – nettes Ambiente, nettes Outfit, professionell gestaltet und begleitet – so hat alles seine Ordnung! Ordnung muss schon sein. Einreihen in den Ablauf der Dinge, wie sie nun einmal vorgegeben sind vom Erfinder des irdischen Lebens, sollten wir uns schon. Denn wo sollten wir alle bleiben, wenn keiner weggehen will von hier? Vater Staat kann uns doch nicht stapeln und immer weiter die Rente zahlen bis zum

Jüngsten Tag. Wie auch immer, nach so einem Akt ist man stolz auf sich – ich auch auf mich. Unterschreibe, überweise auf Sonderkonto ...

Und das Grandiose: Es ist ein Festpreis. Egal, wie alt ich auch werde: Festpreis! Das ist doch mal was! Keine Verteuerung, keine Aufpreise, null Mehrwertsteuer. Da kann man nicht meckern! Lege Originalvorsorgevertrag in die Schublade, in die Sammelmappe mit der Aufschrift: Mein letzter Wille. Dort liegt auch meine Erklärung, dass ich keine Organe spenden und auch keine erhalten möchte. Heutzutage muss man schriftlich erklären, was man nicht will. Seinerzeit war das umgekehrt. Ich mag nicht Organe in meinem Körper haben, die mir nicht gehören – wer weiß, wie die drauf sind! – und auch nicht Organe spenden. Da verliere ich doch völlig den Überblick. Welcher Körperteil von mir ist denn nun wo? Ich komme da ganz durcheinander. Vielleicht brauche ich später als Geist meine Teile noch mal und will sie wiederhaben – wer weiß das so genau? Und was ist auch verstorben, wer will denn nun wissen, ob nicht der Tote noch in oder bei seinem Körper ist, wenn die medizinischen Messgeräte schon lange stillstehen. Ich habe von einem Menschen gehört, der sich als Geist über dem Operationstisch befand – und nicht nur das! Er war noch in seinem Körper! Er hat alles erlebt und gefühlt! Er hat die Ärzte angefleht, sein grausames Schicksal zu beenden und ihn doch endlich tot sein zu lassen – obwohl er seine Einverständniserklärung zur Transplantation hinterlegt hatte. Aber sie hörten ihn nicht. Sie waren mit Entnahme beschäftigt – und, wie sie es definierten, mit der Rettung vom Leben des Empfängers. Wenn ich davon überzeugt bin, dass Leben unendlich ist, hier oder dort, dann muss ich es nicht verlängern, verlängern! Es geht ja eh' weiter! Wenn ich davon überzeugt bin, dass Leben endlich ist, dann habe ich Angst, dass alles vorbei ist. Dann will ich verlängern, verlängern!

Zwei Jahre nach Unterzeichnung des Bestattungsvorsorgevertrages (was für ein schönes, langes, gebildetes Wort) komme ich rein zufällig an „meinem" Bestattungshaus vorbei, und da ist in dem Gebäude ein anderer Unternehmer installiert! Ich denke zuerst, ich hätte mich vertan in Zeit und Raum, aber zwischenzeitlich bin ich keineswegs neu inkarniert. Ich befinde mich noch immer in dem Leben von vor zwei Jahren, in demjenigen nämlich, in welchem ich den Vertrag abgeschlossen habe. Zum Beweis dafür: Hier sehen Sie meinen Bundespersonalausweis – der ist fälschungssicher. Hier steht noch derselbe Name wie damals, und wichtiger noch: dasselbe Geburtsdatum. Das dürfte doch genügend Beweis sein – oder etwa nicht? Wenn ich nun weiter sehr konzentriert nachdenke – es ist immer noch die Stadt von damals, in der ich mich befinde, und die Straße stimmt auch. Nur dass sich ein anderer Inhabername im Fenster befindet, und es ist anders dekoriert. Es stehen nicht mehr so viele Särge im Eingang, sondern mehr Urnen. Vielleicht ist das der Trend, das will noch nichts heißen. Als ich drinnen nachfrage, woher die Namensänderung?, bekomme ich zur Antwort: „Der Vormieter hat Insolvenz angemeldet." Ich sitze geschockt auf dem dunkelfarbigen Hinterbliebenensessel des neuen Inhabers und denke immer nur: meine Euros! Meine Euros!

Verflixte Kiste! Jetzt aber zum Rechtsanwalt! Der erreicht in vier Jahren rein gar nichts. Außer dass meine Rechtsschutzversicherung ihm für seine Bemühungen ein stattliches Honorar zahlen muss. Das macht mich betroffen. Heutzutage sagt man häufig betroffen. Aber eigentlich bin ich wütend, sehr, sehr wütend! Als nach einem weiteren Jahr noch immer kein gerichtliches Urteil vorliegt, denke ich nur noch: Ich will raus – raus aus diesem Film! Das sagt man heute so, auch wenn man gar nicht im Kino war. Ich schicke dem Herrn Bestattungsunternehmer a. D. einen Brief:

„Sehr geehrter Herr … ,

leider […] Aber es gab doch ein Sonderkonto […] Bitte Sie, mir mitzuteilen, was Sie bewogen hat […]

Mit freundlichen Grüßen
…"

Er antwortet schnell:

„Leider Insolvenz […] Bedaure […] Falls Sie bei einem neuen Bestattungsunternehmen einen neuen Vertrag […], möchte ich Ihnen gerne mit meinem Rat zur Seite stehen. Ich weiß, worauf es dabei ankommt …"

Verflixte Kiste! Dennoch möchte ich unverzüglich raus aus diesem Film – das sagt man heute so, auch wenn man gar nicht im Kino war. Real raus geht nicht, denn das Insolvenzverfahren, das sogenannte, läuft ja noch. Also mache ich es mental, und so schreibe ich ihm noch ein einziges Mal, ganz real, auf meine schönste Weihnachtskarte und klebe die 55-Cent-Marke drauf; nämlich, dass ich ihm – wie auch immer –, dass ich ihm – egal was war! – ein frohes Fest und gute Zeit und guten Weg wünsche. Aber nicht Ihre! Ich will nämlich keine verflixte Kiste. Ich will eine gesegnete Kiste! Aber nicht von ihm … nicht mehr. Und meine Rechtsschutzversicherung habe ich gekündigt. Ich lasse es jetzt einfach drauf ankommen.

Anerkennung für unsere älteren Mitbürger, dass sie sich jetzt auch der Antiatomkraftbewegung angeschlossen haben! Jetzt neuerdings nach dem Reaktorunfall von – wie hieß der Ort denn noch? Egal. Reaktorunfall ist Reaktorunfall, egal wo. Anerkennung durch einen zweiundzwanzigjährigen Aktivisten – er hat sich nicht informiert darüber, dass wir schon (Jahreszahl möge der geneigte Leser/die geneigte Leserin hier bitte selber einfügen) vor dem Bonner Münster gestanden haben und demonstriert haben gegen Atomkraftwerke. Und dass wir kaum ernst genommen wurden in all den Jahren. Zu der Zeit hielt unser junger Freund sich zweifelsfrei noch im Storchenteich auf. Er kann ja nicht alles wissen. In der Sache hat er schon recht, unser junger Freund: Menschen müssen Stellung beziehen, und das nicht nur in der Atomsache, sondern bei allen weltbewegenden Angelegenheiten! Und selbst, wenn das Gedachte, Gesagte, Geschriebene, Getane und Gedemonstrierte nichts ändern würde in der sichtbaren Welt, in der irdischen Realität: Es müsste doch gesagt, gedacht, geschrieben, getan, gedemonstriert werden – wenn es recht und richtig ist! Auch wenn es nichts ändern würde in der sichtbaren Welt – auch dann! Denn Recht und Richtigkeit sind übergeordnete Werte, sie bleiben auf ewig bestehen in der unsichtbaren Welt, in der überirdischen Realität, sie sind unsterblich. Darum, lieber junger Freund aus dem Storchenteich, verzweifle nicht, wenn man hier nicht auf dich hört! Anderswo hört man dich.

Wenn man in meinem Alter etwas vergisst oder etwas verwechselt, dann wird das höflich übergangen. Das ist die nobelste Variante. Oder man wird mitleidig angeschaut – das ist unangenehmer. Oder es werden hintergründige Bemerkungen gemacht, wie: Ja, ja, so fängt es immer an! Schlimmstenfalls aber bekommt man zu hören: Alzi oder Seni! Ich will wissen, ob da was dran ist bei mir. Der Sache ins Auge sehen. Melde mich an beim Neurologen für eine diesbezügliche Untersuchung, finde die Praxis nicht – die Straße ist mir unbekannt –, finde sie doch. Der Neurologe sieht auf meine Patientenkartei, sagt: „Ach, Sie waren vor fünf Jahren doch schon mal hier!" Das habe ich ganz vergessen! Ich hätte schwören können, in dieser Praxis war ich noch nie, und diesen Arzt kenne ich nicht! Wie gut, dass ich aus Prinzip niemals schwöre. Also macht der Arzt ein EEG, prüft Reflexe und Blutzufuhr im Gehirn, sagt: „Sie sind organisch nicht betroffen! Sie sind nur unkonzentriert!" Da bin ich aber erleichtert! Als ich die Praxis verlassen will, finde ich den Ausgang nicht. Der Arzt sieht mir ruhig zu, wie ich herumirre. Ich sage: „Da sehen Sie mal! Am besten, Sie behalten mich doch lieber hier!" Aber er lächelt nicht mal, zeigt nur stumm auf das Schild „Ausgang".

Klar bin ich unkonzentriert. Wenn ich abwesend bin, fehlen mir logischerweise ganze Straßenzüge, halbe Personen, Viertel-Ereignisse – vielleicht bin ich dann gerade in Taka-Tuka-Land bei Pippi Langstrumpf zu Besuch! Oder in einer anderen Dimension unterwegs ... Dann grüße ich Menschen, die ich nicht kenne, Bekannte grüße ich nicht. Das bringt mir manchen Verweis ein auf Erden, von denen, die behaupten, mich zu kennen. Die meinen nämlich, ich würde sie extra nicht grüßen. Die sind dann enttäuscht von mir. Aber es ist nicht absichtlich! Es ist nur unkonzentriert! Ganz manchmal glaube ich, zusätzlich zu meiner Unkonzentriertheit wäre ich doch ein winziges kleines bisschen Alzi und Seni. Aber nicht weitersagen.

Der Obdachlose sitzt neben mir auf einem Bänkchen. Wir warten auf die Straßenbahn. Der Mann brabbelt vor sich hin. Plötzlich wendet er sich zu mir, sieht mich direkt an und sagt mit fester Stimme: „Ich habe kein Alzheimer!" Mit ebenso fester Stimme antworte ich: „Nee, ich auch nicht! Wir waren immer schon so!"

Habe mir extra ein Reimbuch gekauft. Es kostet 9,80 Euro. Nun will ich die Anlage auch nutzen und probiere mal aus:

Selten haben wir genossen,
die heitren Dinge, die wir in uns tragen,
manche Träne ward vergossen,
Gespenster und Schmerzen wollten wir verjagen.

Immer lebten wir „in Zeit",
sahen ständig vor uns das Morgen.
Immer waren wir bereit,
mehr und mehr uns noch zu sorgen.

Doch was nutzt uns das ew'ge Bangen,
schadet es doch jeder Lust,
sich in sorgen zu verfangen,
erzeugt nur immer neuen Frust.

Will ich denn so weitermachen?
Nein, ich hole jetzt hervor
das in mir selbst verborg'ne Lachen,
schließlich bin ich doch kein Tor!

Siehste, geht doch!
Und noch'n Gedicht:

Kommst herein mit leisen Schritten,
besuchtest mich zu seiner Zeit,
doch noch hab ich nicht gelitten
und will's auch nicht in Ewigkeit.

(Na ja, mal abwarten. Wünschen darf man ja!)
Titel des Gedichtes: Alter.

Als ich in Rente bin, bekomme ich Zeit. Einmal in der Woche gehe ich ins Hospiz, ehrenamtlich. Ehrenamtlich bedeutet, dass der Staat dafür nichts zahlt, dass keiner einem was zahlt. Nur die Fahrkarte dorthin wird ersetzt. Der Staat freut sich, wenn es viele Ehrenamtliche gibt. Ab und zu werden die Ehrenamtlichen belobigt. Der Bürgermeister hält eine Rede und überreicht einen Blumenstrauß. Das steht dann in der Zeitung. Wenn man charitymäßig unterwegs ist, ist das etwas ganz anderes: Da sammelt man Spenden für gute Zwecke, für arme Kranke, Verunglückte etc. Es gibt eine Spendengala (wenn man weiß, was das ist), man zieht sein schönstes Abendkleid an oder, wenn man ein Mann ist, seinen besten Sonntagsanzug – oder umgekehrt. Es gibt eine Show mit Musik, Lichteffekten, Ansprachen, Belobigungen, riesige Schecks werden ausgerollt – symbolisch, in echt gibt es nämlich gar nicht so große –, und minütlich werden die Namen der Spender sowie die gespendeten Summen verkündet. Man staunt über die Großherzigkeit der berühmten und reichen Leute – aber auch die Spende der armen Rentnerin wird hervorgehoben. … Sie hat so wenig zum Leben und spendet doch etwas! Unter dem Motto: Kleinvieh macht auch Mist! Aber so wollen wir das nicht sehen. Einige Spender wollen auch anonym bleiben. Charity finden alle super – die ist aber für VIPs, für Promis, für Stars, das kann man nicht mit ehrenamtlich vergleichen. Also wieder zurück zum Hospiz:

Im Hospiz liegen die Menschen wie in einem Krankenzimmer, aber hier können sie persönliche Gegenstände mitbringen. Einen Sessel zum Beispiel, eine Lampe, Bilder – was sie wollen! Alle haben Einzelzimmer. Einige schlafen, wenn ich zu Besuch komme. Dann setze ich mich eine Weile still an ihr Bett. Einige haben die Augen offen. Dann frage ich: „Möchten Sie, dass ich mich etwas zu Ihnen setze?" Dann nicken sie oder schütteln den Kopf. Einige reden – wenn die Menschen noch reden können, fragen sie mich fast immer nach einer Weile: „Und wie geht es Ihnen?" Sie fragen tatsächlich mich und meinen mich auch! Dann antworte ich ihnen. Die Menschen im Hospiz haben es gut. Sie dürfen weiterleben. Sie dürfen weitersterben. Niemand verlangt etwas von ihnen. Nur leiden dürfen sie nicht. Da passen die Schwestern und Pfleger für auf. Bis vor einiger Zeit dürfen die Menschen hierbleiben, solange es nun mal dauert. Sie müssen sich nicht beeilen und müssen sich keine Sorgen machen über Aufenthaltsbegrenzung. Inzwischen zahlen nicht mehr alle Kassen ohne Begrenzung. Manche Menschen müssen wieder nach Hause, obwohl sie sterbenskrank sind, oder umziehen in ein Pflegeheim; das ist billiger als das Hospiz. Das hat dann mit dem jeweiligen Träger zu tun.

Eine junge Frau stirbt am Tag vor ihrem Umzug in ein Pflegeheim. Aber ganz ruhig. Sie hat am Nachmittag noch mit ihrem ehemaligen Freund ein Eis gegessen. Am Abend ist sie eingeschlafen und nicht wieder aufgewacht. Ich vermute ja, sie hat das getimt. In der Woche zuvor hat sie mit Buntstiften ein Bild für mich gemalt. Eine Landschaft; auf dem Papier ist die nicht fertig geworden, nun ist sie vollendet.

Wenn mein Besuch dort beendet ist, drehe ich mich an der Tür immer noch mal um und winke. Niemals mache ich Verabredungen für die Zukunft, niemals sage ich: „Bis nächste Woche!" oder: „Bis bald!" Ich darf niemanden binden. Alle sollen frei sein – ich auch. Wenn einer ans Sterben kommt, benachrichtigt das Hospiz Angehörige, wenn vorhanden. Eine Ehefrau wird rechtzeitig benachrichtigt, kommt zu spät – viel zu spät. Als sie ihren verstorbenen Mann sieht, wirft sie sich auf ihn. Sie hat einen Nervenzusammenbruch. Danach bekommt sie Frühstück im Schwesternzimmer, da geht es ihr besser. Man weiß nicht, was da vorgefallen war früher. Aber man darf nicht urteilen. In Grenzsituationen darf man nur lieben. Wenn man nicht oder nicht mehr lieben kann, soll man nicht hierherkommen. Dann soll man lieber was anderes machen, oder gar nichts! Zurzeit gehe ich nicht mehr ins Hospiz zu Besuch. Ich kann die vielen Abschiede so schnell hintereinander nicht länger aushalten.

Es klingelt an der Tür. Ich bekomme Besuch – Besuch im Altenheim. Die Besucherin ist eine Bekannte von mir. Folgender Dialog findet statt:

Deine Wohnung ist ja ein bisschen klein. – Findest du? – Wie viele Quadratmeter hast du denn? – 39, die langen mir, ich bin ja nicht groß, und ich muss die Wohnung ja auch noch füllen. – Möbel hast du ja! Womit willst du sie denn noch füllen? – Mit mir! – Ach so, hast du denn nur dieses eine Zimmer? – Ich habe noch einen Abstellraum hier. Willst du mal sehen? Ich habe auch aufgeräumt. – Also, die Wohnung von der Frau Mülders gefällt mir besser! Die ist größer und hat auch einen Balkon. – Ich brauche keinen Balkon, ich wohne ja auf Parterre. Und ich hab ja zusätzlich noch das ganze Draußen draußen! – Aber du hattest doch mal ein ganzes Haus! – Ein halbes, ein halbes! – Immerhin, das muss doch eine gewaltige Umstellung gewesen sein, sich so klein zu setzen! Was hast du denn mit dem Geld aus dem Verkauf gemacht? – Unsere Politiker sagen doch immer, wir müssten selbst für unsere Rente sorgen, das habe ich getan! Ich habe es in den Rentenfonds eingezahlt! – Schön blöd. – Da kannst du recht haben. Andererseits, mir ist es so ergangen wie Hans im Glück, von Ballast befreit lebt es sich leichter. – Willst du denn immer hier wohnen bleiben? ... Und hier teilt sich die Geschichte in zwei mögliche Antworten: Die eine heißt: Ja. Die alternative Antwort lautet: Solange ich lebe, will ich hier wohnen bleiben. Die nächste Wohnung wird noch kleiner sein: entweder 90 x 2,30 oder 70 x 1,20 – das habe ich noch nicht entschieden.

Seit ich in Rente bin, lebe ich etwas zurückgezogen vom echten Leben. Also, vom Leben, wie es wirklich ist, erfahre ich gern von den Privatsendern. Die senden ihre Dokusoaps, total echt und klasse und naturgetreu. Da spielen sie fast immer während der besten Sendezeit furchtbare Szenen ab: Nachbarschafts-/Ehe-/Beziehungsdramen, Lug, Betrug, Süchte aller Art, Exzesse, Aggressionen, Hölle allerorten. Der Mediator muss eingreifen. Hoffentlich kann er es noch mal richten – oder der Psychologe mit der ruhigen Stimme oder der Schuldenberater mit dem Flipchart. Auch Detektive werden bemüht, die warten stundenlang im Auto vor einem Haus. Es wird geschrien und getobt und mit Klamotten geworfen, die schlimmsten Ausdrücke werden mit einem Piep übertönt, dabei weiß man genau, was unter dem Piep sitzt. Manche sagen, die Sendungen wären nur gestellt. Das wären alles nur Schauspieler. Das glaube ich nicht, ich finde alles echt schön. Es gefällt mir sehr gut. Darum schalte ich immer rechtzeitig ein. Wenn die Sendung zu Ende ist, kann ich jedes Mal sagen: Herr, ich danke dir, dass ich nicht so bin wie jene da. Dann fühle ich mich besser als vor der Sendung und trinke noch eine Tasse Kakao.

Zu Hause ist, wo man bleiben kann und wo einem keiner was tut.

Evakuierung 2010

Nachbarin im Altenheim klingelt: „Stör' ich auch nicht? Heute ist Evakuierung. Eine Bombe aus dem Zweiten Weltkrieg im Nachbargrundstück muss entschärft werden, wir müssen alle weg. Soll ich Sie mitnehmen oder holt ihre Familie Sie ab?" – „Ich fahre mit Ihnen!"

Die Busse warten schon.

Krücken
Rollatoren
Rollstühle
Rollbetten

Rotes Kreuz
Malteser
Johanniter
Technisches Hilfswerk

Busse
Krankenwagen
Polizeiautos

Messehalle

Sanitäter
Pfleger
Ärzte
Freiwillige Helfer

Kaffee
Suppe
Nudeln mit Gulasch
Kekse

Zeitungen
Brettspiele
Kartenspiele

Erste-Hilfe-Zelt
Infusionen, falls nötig
Notbetten

Lautsprecher

Ansage um 18:20 Uhr

Bombe entschärft
Entwarnung
Der gefühlte Krieg ist zu Ende
Alle dürfen wieder nach Hause
Friede 2010 kommt zurück
Dank an die Bombenentschärfer

Das ist schön

oder

Da habe ich mich gefreut.

Als die Fußgängerampel von Rot auf Grün übersprang, sagte die Dame im Rollstuhl zu ihrer Tochter, welche sie schob: „Das ist schön, dass wir setzt schon gehen können." Da habe ich mich gefreut.

Schwester K

Ich komme bei dir fast gar nicht vor. Du fragst, wie es mir geht. Zögernd beginne ich – da fährst du fort mit dir. Vielleicht sollte ich bei dir Selbstlosigkeit üben. Aber ätzend ist es trotzdem. Ich weiß auch nicht, wie lange ich das noch mitmache.

Warum schätzt Herr Prof. Dr. Meier mich nicht? Ich diene ihm doch. Er kann sich auf mir abstützen, mit meiner Hilfe größere Strecken zurücklegen – was er ohne mich nicht mehr könnte –, sich zwischendurch auf mich setzen, wenn er müde geworden ist, im Einkaufskorb etwas transportieren, was sonst zu schwer wäre für ihn. Er schaut mich immer so grimmig an. Noch nie hat er sich bei mir bedankt. Schlimmer noch: Wenn niemand es sieht, versetzt er mir Tritte mit seinem gesunden Fuß. Warum macht der Professor das nur? Ich diene ihm doch – und verlange rein gar nichts zurück! Ich bin der Rollator des Herrn Prof. Dr. Meier. Ich glaube, er hasst mich. Ich glaube, er hasst sich. Ich selber habe ja auch einen Rollator. Meine Krankenkasse hat ihn mir spendiert. Es gibt Krankenkassen, die sind dazu verpflichtet.

Mein Rollator steht im Keller. Herrn Professor Dr. Meier sollte ich nicht tadeln, vielleicht werde ich ja auch ganz gemein zu meinem Rollator, wenn ich ihn aus dem Keller holen muss, weil ich ohne ihn das Haus nicht mehr verlassen kann. Wie sagte doch meine Mutter seinerzeit? Hochmut kommt vor dem Fall! Vielleicht sollte ich den meinen, sozusagen prophylaktisch, mal aus dem Keller holen, seine hilfsbereiten Griffe streicheln und sagen: „Hallo Schätzchen, auf gute Zusammenarbeit! Aber falls ich dich mal niemals gebrauchen sollte, bitte sei mir nicht gekränkt. Das ist nicht gegen dich gerichtet. In dem Falle schaffe ich es allein, bis zum letzten Schritt. Aber danke für deine Bereitschaft."

Ich muss doch noch mal Kontakt aufnehmen mit dem ... wie hieß der denn noch?

Also, ich muss Dir mal ganz dringend etwas sagen: Nimm's mir nicht übel, ich mein's ja nur gut mit dir, sei auch bitte nicht beleidigt. Die Menschen sind nun mal so ... unvollkommen. Du hast sie ja selber so geschaffen, sie bringen nicht viel zuwege hier auf der Erde, das weißt Du ja selber. Also, was ich Dir jetzt eigentlich sagen wollte: Sei jetzt nicht sauer auf mich, ich persönlich finde es ja nicht zutreffend – oder nicht ganz ... Hier unten erzählt man sich nämlich hinter vorgehaltener Hand, Du wärest doch eigentlich ein Versager. Im Alten Testament, da seien noch richtige Wunder passiert: In der Wüste seien Lebensmittel vom Himmel gefallen, von ganz alleine, während wir hier extra zum Bäcker latschen müssen und alles teuer bezahlen müssen, besonders nach dem Euro. Was hast Du dir dabei gedacht, als Du den eingeführt hast, und dann die Leiharbeit? Das ist doch modernes Sklaventum, gesetzlich geregelte Ausbeutung! Unerhört! Und dass der Biosprit alle Automotoren kaputtmacht ... furchtbar! Übrigens: Mein Konto ist auch schon wieder im Minus! Das alles und noch viel mehr hast Du, Gott, doch selber inszeniert oder zumindest zugelassen. Nein, so schnell kannst du Dich nicht aus der Verantwortung ziehen! Weißt Du was? Im Grunde bist doch Du es, der unsere liebe schöne Erde, unseren blauen Heimatplaneten verseucht und versifft! Sogar unsere Radieschen sind schon ganz giftig, und die Pilze immer noch von Tschernobyl, und am heutigen Tag ist vom Datum her erst drei Tage vor Fukushima, was da noch alles auf uns zukommen wird! Was sollen wir denn bloß machen? Wir armen Seelen! Wir können nur immer mal wieder die Grenzwerte erhöhen oder erniedrigen – oder passt das Wort erniedrigen hier gar nicht? Egal, Du weißt, was ich meine! Aber das ändert nichts an der Ursache, und die bist doch eindeutig Du! Langsam kann ich die Leute verstehen, die hinter vorgehaltener Hand munkeln, Du wärst ein Versager. Folgendes mag ich Dir gar nicht erzählen, es kommt nämlich noch schlimmer: Einige vermuten sogar, Du wärest ein Lump. Das hab ich nicht aus mir, das hab ich kürzlich irgendwo gelesen. Da stand nämlich: Gott, der Lump, hat wieder nicht geholfen! Du in deiner Allwissenheit wirst schon wissen, wer das geschrieben hat. (Müssen wir jetzt eine Fußnote machen?) Ich persönlich würde nicht so weit gehen. Für mich persönlich bist Du immer noch der liebe Gott. Und das entgegen aller Erfahrung, entgegen aller Vernunft. Aber das ist eine Notlüge. Schließlich will ich mich ja gutstellen mit Dir, bloß keinen Zorn auf mich ziehen, bloß nicht Unmut erwecken. Lieber etwas schmeicheln. Jetzt kriege ich auch noch Herzstiche, irgendetwas stimmt hier nicht – entweder mit Dir oder mit mir. Zum Beweis meiner Demut schreibe ich das d von Du immer als Großbuchstabe. Das ist Dir sicher nicht entgangen. Ich könnte noch endlos weiter-

schreiben, mach aber erst mal Pause, damit auch Du Zeit und Gelegenheit zum Nachdenken hast. Bitte glaube mir, ich wollte nicht petzen, Dich nur informieren beziehungsweise animieren, mal endlich alles zum Guten zu wenden – alles, aber auch alles! Damit auch der letzte Mensch auf dieser Erde guten Gewissens zu Dir LIEBER Gott sagen kann.

Was bisher geschah, steht geschrieben auf Seite 7 bis zu dieser Seite. Was dann geschah, ist noch nicht geschrieben auf Papier ...

Gott,
Du gibst Krieg,
Du gibst Frieden,
Du bist in beidem,
und alles ist in Dir.
Wir wählen ...
Wählen tun wir ...
Wählen wir?
Der Krieg ist zu Ende,
wenn wir sagen,
der Krieg ist zu Ende.

Lieber Gott, wenn es an der Zeit ist, lass mich zu Dir nach Hause kommen. Du weißt ja, Zuhause ist, wo man bleiben kann, wo einem keiner was tut.

Webdefinition: Als Universum (von Lateinisch universus, „gesamt“, von unus und versus, „in eins gekehrt“) wird allgemein die Gesamtheit aller Dinge bezeichnet. (de.wikipedia.org/wild/Universum)

Wohin soll ich denn nun gehen nach meinem Ableben? Auf einen anderen Planeten vielleicht ... Ist das die Lösung? Aber der Weltraum ist ja bereits vermüllt – real – von Weltraumflügen. Was da inzwischen alles herumfliegt an Abfall ... mental, von der Begehrlichkeit des Menschengeschlechts. Schon bald werden die Menschen ihren Erdenmüll auf Nachbarplaneten schießen. Danach werden sie jeden erreichbaren Planeten unserer Milchstraße kolonisieren – kolonisieren mit sich selber. Angefangen hat es doch schon, als Astronauten ihre Landesflagge in den Mond steckten, den Mond, der doch niemandem gehört, der doch jedermanns Eigentum ist! Als Kinder haben wir gesungen: Guter Mond, du gehst so stille in den Abendwolken hin. Im 20. Jahrhundert haben die Menschen die Weltraumkolonisierung bereits begonnen. Wenn schon die Flagge unverzichtbar ist, warum haben sie nicht die Menschheitsflagge gehisst? … Aber die gibt es nicht, die ist nicht erfunden. Schreckensvision: Sobald der Mensch dazu in der Lage ist, wird er sich alle Planeten unter den Nagel reißen. Und was wird dann aus mir? Heimatvertrieben müsste ich dann woanders hin. Es ist notwendig, schon jetzt die Weichen zu stellen, schon jetzt zu planen, wohin mit mir? Damit nicht erst im Augenblick meines Erdentodes sich mir diese Frage stellt: Was wird aus mir? Was soll nun werden? Nein, Planeten unseres Systems bieten keine Sicherheit mehr. Was sind ein paar Hundert oder Zehntausend Jahre in der anderen Welt. Unterdessen weitet der Mensch, falls er sich nicht zwischenzeitlich zugrunde gerichtet hat, unaufhörlich seinen Geltungsbereich aus. Für ihn ist das ja alles Besitz.

Was also ist die Lösung? Erlösung? Ein anderes Universum, eines der Wahrheit, Weisheit, Gerechtigkeit! Eine Art Gott-Versum, das ist die Lösung! Ich gehe, wenn es soweit ist, flugs in ein Gott-Versum. Natürlich würde ich dort, human, wie ich nun einmal bin, äh, äh, immer mal auf der Erde vorbeischauen, Erdlinge besuchen, trösten, sanft lehren, unterstützen, Eis essen und mit Modelleisenbahnen spielen, das würde ich tun, gerne tun. Und gerade jetzt, in diesem Augenblick, sagt die Stimme zu mir:

„Du bist im Gott-Versum."

FSC
www.fsc.org
MIX
Papier | Fördert
gute Waldnutzung
FSC® C083411

Zeitfracht Medien GmbH
Ferdinand-Jühlke-Straße 7
99095 Erfurt, Deutschland
produktsicherheit@kolibri360.de